MANUAL DEL PREDICADOR

*Una guía para
preparar presentaciones*

José-Román Flecha

LIBROS
LIGUORI

Imprimi Potest: Thomas D. Picton, C.Ss.R.
Provincial, Provincia de Denver, Los Redentoristas

Publicado por Libros Liguori, Liguori, MO 63057-9999
Para hacer pedidos llame al 800-325-9521.
www.librosliguori.org

Library of Congress Cataloging-in-Publication Data

Flecha, José Román, 1941-
    Manual del predicador : una guía para preparar presentaciones /
José-Román Flecha.
        p. cm.
    ISBN 978-0-7648-1785-4
1. Preaching. I. Title.
BV4219.F54 2008
251'.01—dc22

                                                                2008041496

Las citas bíblicas son de *Biblia de América,* sexta edición 1994.

Documentos del Vaticano II, *Dei Verbum* (1965), *Lumen Gentium* (1964),
Sacrosantum Concilium (1963); Exhortación apostólica Evangelii nuntiandi, Papa Pablo VI (1975); Exhortación apostólica Sacramento de
la caridad, Papa Benedicto XVI (2007); Carta encíclica Salvados en
esperanza, Papa Benedicto XVI (2007); Código de derecho canónico;
© Libreria Editrice Vaticana. Usado con permiso.

Liguori Publications, corporación no lucrativa, es un apostolado de
los Redentoristas. Para saber más acerca de los Redentoristas visite
"Redemptorists.com".

Impreso en los Estados Unidos de Norteamérica
16 15 14 13 12 / 7 6 5 4 3

INDICE

INTRODUCCIÓN

Las fuentes de la fe cristiana nos presentan a Jesús como profeta y maestro, como mediador y sacerdote, como rey-pastor y servidor de sus hermanos. Sabemos que la Iglesia ha sido llamada y convocada para continuar en el mundo aquellas tres "funciones" de su Señor. En realidad, cada uno de los cristianos recibe ese mismo encargo ya desde su profesión bautismal.

En este momento de la historia, muchos nos preguntamos en qué consiste la función profética en la Iglesia. Y con frecuencia la concretamos en la predicación. Vemos las dificultades por las que atraviesan los predicadores cristianos, pero estamos convencidos de la importancia de ese ministerio, es decir, de ese "servicio" a la comunidad.

Sabemos que este "ministerio" de la predicación ha sido confiado a los obispos, presbíteros y diáconos. Con todo, la Iglesia enseña que a este servicio de la Palabra de Dios y del mensaje evangélico son llamados todos los fieles cristianos, cada uno en el puesto que ocupa en la sociedad.

- Son llamados ya en virtud de su propio bautismo, que los constituye en miembros de Cristo sacerdote, profeta y rey.
- Son llamados continuamente por el Espíritu de Dios que sopla donde quiere, distribuyendo sus dones y carismas.
- Y son llamados por la mediación de los obispos que, con frecuencia los eligen para un servicio concreto en el ámbito de la predicación y de la catequesis.

Cada vez más los fieles cristianos laicos están llamados a anunciar el evangelio en los ámbitos más diversos de la sociedad secular.

Teniendo ante la vista la experiencia de muchos cristianos y cristianas que en todas las partes del mundo son llamados a predicar la palabra de Dios, me he decidido a poner por escrito unas breves notas que he ido redactando a lo largo de los años.

En la primera parte se ofrece una reflexión sobre la vocación del predicador. En la segunda se ofrecen algunas sugerencias sobre su formación. Y en la tercera se enumeran algunos elementos que configuran este modo especial de comunicación que es la predicación.

Quiera el Señor que estas notas puedan ser útiles para el servicio del anuncio y exposición de la palabra de Dios y de los contenidos fundamentales de la fe y la celebración, de la responsabilidad moral y de la oración cristiana.

JOSÉ-ROMÁN FLECHA

PARTE I

VOCACIÓN

"Cristo llevó a cabo esta proclamación del reino de Dios, mediante la predicación infatigable de una palabra, de la que se dirá que no admite parangón con ninguna otra: "¿Qué es esto? Una doctrina nueva y revestida de autoridad" (Mc 1:27); "Todos le aprobaron, maravillados de las palabras llenas de gracia, que salían de su boca..." (Lc 4:22); "Jamás hombre alguno habló como éste" (Jn 7:46). Sus palabras desvelan el secreto de Dios, su designio y su promesa, y por eso cambian el corazón del hombre y su destino".

(PABLO VI, EXHORTACIÓN APOSTÓLICA *EVANGELII NUNTIANDI*, 11)

La vida humana es siempre un don gratuito. Se equivoca quien afirma que "se ha hecho a sí mismo". Todos somos frutos de las decisiones y de los afectos de muchas personas. Parodiando la frase más famosa de Descartes—"Pienso, luego existo"—se puede afirmar con toda razón: "Soy amado, luego existo".

A lo largo de las páginas del Antiguo Testamento, la vida de los grandes personajes se nos presenta como la historia, más o menos brillante, de una llamada que procede de Dios. Así ocurre con Abraham, con Moisés, con Elías, o con el profeta Jeremías.

En las primeras páginas de los Evangelios, se narra cómo Jesús recorre las orillas del lago de Galilea y se dirige a unos pescadores que faenan en la costa. Los llama y les promete convertirlos en "pescadores de hombres". Y ellos, dejando las redes, lo siguen por los caminos, compartiendo su vida y su suerte. Nadie les negará el valor de su generosidad, pero la iniciativa parte de Jesús.

Algo parecido se nos cuenta en el libro de los Hechos de los Apóstoles, a propósito de Saulo, llamado Pablo y de otros hombres y mujeres llamados por el Señor a anunciar su evangelio hasta los confines del mundo

Así pues, hemos de reconocer y confesar que tanto en la tradición judía como en la experiencia cristiana, el protagonista principal es Dios. Los cristianos creemos que es Dios quien nos llama a la fe en Jesucristo y nos guía con la luz, la fuerza y el amor del Espíritu Santo.

También los predicadores cristianos saben que han sido llamados por Dios. No es su propia voluntad la que determina la misión. La llamada se convierte, pues, en un criterio para valorar la decisión de dedicarse a este ministerio, pero también el modo concreto que determina su realización.

Después de afirmar el valor de la llamada de Dios en la vida del predicador y en el ejercicio de su ministerio, será oportuno preguntarse por su identidad y su necesidad. Desde el principio es conveniente deslindar los campos para identificar correctamente la misión.

1

LA PREDICACIÓN

Todos los cristianos hemos escuchado alguna vez una predicación. Es más, con frecuencia las hemos comentado entre los familiares y amigos. Una veces nos hemos sentido movidos a la fe y a la conversión por la palabra del predicador. Otras veces nos hemos inquietado ante las ideas que ha transmitido. En otras ocasiones hemos formulado algunas observaciones sobre su modo de presentar el mensaje.

Es verdad que si nos preguntaran qué es la predicación, tal vez no seríamos capaces de ofrecer una respuesta muy concreta. Más que pensar en la predicación, pensamos en un predicador conocido. Y más que pensar en las notas que definen al sermón, en general, pensamos en sermones muy concretos.

1. Delimitando conceptos

Pero en realidad ¿en qué consiste la predicación? Hace ya unos años, una famosa enciclopedia teológica incluía una larga descripción de la predicación que podría ser útil recordar al comienzo de estas páginas.

"Predicación es el anuncio público de la palabra de Dios en forma de discurso por los ministros consagrados de la Iglesia y autorizados para ello (Rom 10:15; 2 Tim 1:2; 1 Tim 4:22), a fin de mover a los oyentes en particular y también en comunidad a recibir de manera consciente, libre y existencialmente atestiguada el mensaje de la salvación, hacer en ellos consciente la vida divina, fomentar su crecimiento, construir su unidad como Iglesia y pueblo de Dios y presentarlos como 'víctima viva, agradable a Dios' (Rom 12:1)"[1].

Esta presentación puede parecer muy larga y complicada, pero, en realidad, resume las características principales que distinguen la predicación cristiana de cualquier otra forma de discurso. Merece la pena detenerse a subrayar brevemente esas notas:

a. La predicación es un discurso y, por tanto, puede ser concebido como tal y regulado por las normas de la elocuencia que exigen, al menos, prestar atención a dos necesidades imprescindibles:

- tener en cuenta que hay que decir "algo" que resulte importante, significativo y atrayente y que, además, esté bien pensado y organizado.
- decir algo a "alguien" que evidentemente es distinto del que habla y por tanto puede tener otros intereses, otros puntos de vista y otras condiciones espirituales.

---

1. E. HAENSLI, "Predicación", en Sacramentum mundi 5, Barcelona 1974. El autor remite a seis documentos del Concilio Vaticano II: Dei Verbum 7; Lumen gentium 23; Christus Dominus, 13; Presbyterorum ordinis, 2 y 4; Gaudium et spes, 32; Unitatis redintegratio, 2 y 7.

b. El *contenido* de la predicación no es otro que el anuncio público de la palabra de Dios. Una predicación no es una lección. Es claro que no se trata de una exposición técnica y académica, sino de un anuncio creído y creíble del amor de Dios y de su voluntad de salvación para el ser humano.

c. El *sujeto* de la predicación son los ministros consagrados por la Iglesia y autorizados por ella para llevar a cabo ese ministerio. En muchas ocasiones han sido también los fieles laicos, a los que corresponde ese derecho y deber ya en virtud de su consagración bautismal. En la actualidad son muchos los laicos llamados a prestar este servicio.

d. Los *destinatarios* de la predicación son personas dispuestas a escuchar el mensaje de la salvación, tanto en particular como en comunidad. Es interesante observar que aquella presentación no se limitaba a mencionar a los fieles cristianos. La predicación puede en algunas ocasiones dirigirse a los que todavía no han abrazado la fe.

e. La *finalidad* de la predicación es múltiple. Cada uno de nosotros podría enumerar algunas de las más importantes. La presentación mencionaba cinco objetivos de la predicación, que vienen a resumir los pasos que van de la conversión inicial a la consumación de la vida cristiana:

- mover a los oyentes a recibir el mensaje de la salvación;
- hacer consciente en ellos la vida divina que han recibido;
- fomentar en ellos el crecimiento de esa vida divina,

- contribuir a la unidad de los creyentes como Iglesia y pueblo de Dios;
- presentarlos a Dios en la plenitud de su vocación y de su entrega.

f. No deberíamos olvidar esos objetivos. Podrían prestarnos, al menos, tres importantes servicios. Cada uno de ellos merecería un largo comentario teórico. Podría suscitar también un atento examen de conciencia por parte de los predicadores. Y requeriría, finalmente, un esfuerzo de discernimiento por parte de los responsables de la comunidad.

2. Necesidad de la predicación

La delimitación de los objetivos que se propone la predicación parece sugerir ya su importancia para la vida cristiana y su necesidad para suscitarla, mantenerla y orientarla. Sin embargo, en la vida diaria son muchos los que se muestran cansados de la predicación que oyen en las celebraciones litúrgicas. Con frecuencia se pide al predicador que abrevie su discurso. Seguramente esas peticiones están indicando que el predicador ha de revisar tanto los contenidos como la forma de su predicación.

A pesar de los defectos del predicador, la predicación es y será siempre necesaria. Es difícil afirmarlo mejor que lo hizo en su momento el papa Pablo VI, en la exhortación sobre el *Anuncio del Evangelio*:

"Sí, es siempre indispensable la predicación, la proclamación verbal de un mensaje. Sabemos bien que el hombre moderno, hastiado de discursos, se muestra con frecuencia cansado de escuchar y, lo que es peor, inmunizado contra las palabras. Conocemos también las ideas de numerosos psicólogos y sociólogos, que afirman que el hombre moderno ha rebasado la civilización de la palabra, ineficaz e inútil en estos tiempos, para vivir hoy en la civilización de la imagen"[2].

El Papa Pablo VI conoce otros medios técnicos que podrían ayudar a la predicación, pero subraya de nuevo el valor de la palabra hablada, siempre que responda a las convicciones y a la vida del predicador:

"El tedio que provocan hoy tantos discursos vacíos, y la actualidad de muchas otras formas de comunicación, no deben sin embargo disminuir el valor permanente de la palabra, ni hacer perder la confianza en ella. La palabra permanece siempre actual, sobre todo cuando va acompañada del poder de Dios (1 Cor 2:1–5). Por esto conserva también su actualidad el axioma de San Pablo: "la fe viene de la audición" (Rom 10:17), es decir, es la Palabra oída la que invita a creer" (EN 42).

Han pasado algunos años desde que Pablo VI publicó aquel admirable documento, pero también en nuestros días sigue siendo importante preparar y pronunciar una predicación viva, testimonial y sincera. La predicación es necesaria. Habrá que evitar los discursos vacíos y promover una preparación integral de los predicadores.

---

2. Pablo VI, exhortación Evangelii nuntiandi (8.12.1975) 42.

2

EL PREDICADOR

El *Diccionario*, presenta al predicador como el que predica, es decir, el que "pronuncia un sermón". Es cierto que añade otra acepción en la que define al predicador como un "orador evangélico que predica o declara la palabra de Dios". El tono de la definición nos hace pensar en los ministros de las confesiones evangélicas no católicas. Pero, sin necesidad de forzarla demasiado, esa definición podría aplicarse plenamente a todos los cristianos, de cualquier confesión, que se sienten responsables del mensaje de la salvación y han sido designados para exponerlo a la comunidad.

Si el *Diccionario* alude al sermón, está ya estableciendo una distinción con otros oradores y comunicadores. Eso nos lleva a preguntarnos en qué se diferencian los predicadores de las personas que hablan delante de un público más o menos numeroso

1. Lo que no es un predicador

En el mundo de hoy, son muchas las personas que se dedican a hablar en público. Para muchas de ellas, el uso público de la palabra se ha convertido en su profesión habitual.

Es cierto que si a muchas personas las une el uso de

la palabra ante un auditorio público, a los predicadores los distingue la finalidad de ese empleo de la palabra.

- Un predicador no es un locutor de radio o de televisión, ni puede confundirse con un conductor de programas de información o de entretenimiento. Lo cual no significa que no pueda haber una predicación a través de esos medios de comunicación.
- Un predicador cristiano tampoco es un vendedor de productos de moda. Su doctrina no trata de halagar los oídos de los oyentes ni de conseguir ganancias económicas gracias al producto que ofrece a los compradores.
- Un predicador cristiano no es un líder político. Es cierto que se parecen en cuanto que ambos pretenden mejorar la sociedad. Al menos esa buena intención no se pude descartar. Pero el predicador sabe que el cambio social pasa por el cambio de las actitudes y se apoya en la gracia de Dios más que en las alianzas políticas.
- Un predicador cristiano tampoco debería confundirse con un ideólogo o un agitador de masas. Siempre ha habido personas que se creían iluminadas para proponer utopías sociales. El predicador cristiano anuncia un horizonte de esperanza, pero sabe y confiesa que esa promesa viene de Dios, pasa por el camino de la cruz y no se realiza por medio de la violencia.

2. Lo que sí es un predicador

Un predicador cristiano es alguien seducido por la palabra de Dios, *alguien que cree* en ella con todo su corazón y la comunica con su vida y su palabra.

El predicador cristiano es una persona creyente que ha

recibido el don de anunciar a sus hermanos la palabra de Dios y que ha sido enviado por la Iglesia con esa misión.

Es difícil ser convincente si no se creen sinceramente lo que se dice. Es preciso insistir en ello. El predicador es una persona de fe.

Para predicar la palabra de Dios es preciso creer en Dios que nos ha dirigido su palabra y creer en la verdad de las palabras de Dios. Creer en Dios es fiarse de Él, confiar en Él y dejar que esa confianza oriente la propia vida.

Se podría decir que el predicador es alguien que cree también en el ser humano, en su capacidad para aceptar a Dios en su vida y cambiarla para acomodarla a la voluntad divina, que nos ha sido manifestada en Jesucristo.

3

LA ENSEÑANZA
DE LAS FUENTES

El predicador es, antes que otra cosa, un comunicador. Pero tanto su fe como el contenido del mensaje que comunica lo hacen diferente de los que se nos presentan cada día en los llamados "medios de comunicación social".

Las ciencias humanas pueden ilustrar la dimensión antropológica de la comunicación, así como las cualidades humanas que se requieren para ser un buen comunicador y las condiciones que requiere la comunicación humana para ser eficaz. El estudio de esos datos es cada vez más necesario en nuestra sociedad.

Ahora bien, en el caso del predicador cristiano es absolutamente necesario prestar atención a lo que nos dicen las fuentes de la fe. En ellas se ilustra la vocación del predicador, las cualidades que en él se suponen, la misión que se le confía, el estilo con el que ha de intentar llevarla a cabo y, en algunas ocasiones, el éxito o el fracaso de su misión.

1. La herencia de Israel

Se podría decir que el Dios de Israel se distingue precisamente por su capacidad de comunicación. Él habla a su pueblo, mientras que los ídolos de los paganos "tienen boca y no hablan" (Sal 115:6).

El pueblo de Israel se sentía afortunado por conocer unos preceptos tan justos como los contenidos en la Ley de Dios (Dt 4:8).

El profeta Isaías se sabe elegido sin méritos propios y siente sus labios purificados por el fuego del santuario para ser enviado a predicar la palabra de Dios (Is 6:1–13).

Jeremías se reconoce tan inepto como un niño, pero Dios alarga su mano y toca la boca del profeta, mientras le dice:

> Mira, pongo mis palabras en tu boca:
> en este día te doy autoridad
> sobre naciones y reinos,
> para arrancar y derribar,
> para destruir y demoler,
> para edificar y plantar
> (Jer 1:9–10).

En el libro de Baruc se incluye un pequeño poema que refleja la alegría y la felicidad de quien se sabe destinatario de la palabra de Dios (Baruc 4:1–4).

La misma alegría y confianza se manifiesta en todas las estrofas del salmo acróstico 119, dedicado todo él a cantar un elogio a la Ley de Dios. Es inolvidable, sobre todo, el verso que reconoce el valor de la palabra de Dios para orientar la vida humana: "Lámpara es tu palabra para mis pasos, luz en mi sendero" (Sal 119:105).

Es interesante releer el breve libro del profeta Jonás para comprobar cómo un predicador, enviado por Dios a proclamar un mensaje de conversión, puede llegar a ser infiel a la misión que le ha sido confiada. De todas formas, ese libro, lleno de humor y de esperanza, deja bien claro que el mensaje es más fuerte que el mensajero.

2. El espíritu cristiano

La fe cristiana confiesa que la Palabra de Dios se ha hecho carne y habita entre nosotros (Jn 1:14). Predicar pertenece a la misión misma de Jesús de Nazaret (cf. Lc 4:18; 21:31). De hecho, se presenta ante su pueblo como el profeta que había de venir y el Señor de todos los profetas (Mc 8:28; Lc 7:16:24:19). Él es el mensajero y el mensaje mismo de Dios.

Jesús comienza su vida pública predicando y anunciado la llegada del Reino de Dios (Mt 4:17:23; 9:35; 11:1). En realidad, Jesús mismo se considera a sí mismo como un predicador. De hecho, al interpelar a los escribas y fariseos, compara su enseñanza con la predicación de Jonás: "Los ninivitas se levantarán en el juicio contra esta generación y la condenarán, porque ellos hicieron penitencia al escuchar la predicación de Jonás, y aquí hay alguien más importante que Jonás" (Mt 12:41).

Si personalmente llamaba la atención con su predicación, Jesús comparte con sus discípulos esa misión de predicar y anunciar la llegada del Reino de los Cielos (Mt 10: 7). El evangelio anota que predicaban la conversión, expulsaban demonios y ungían con aceite a muchos enfermos y los curaban (Mc 6:12). A través de ese sumario se intuye la vida de una comunidad en la que el servicio de la palabra se acompaña de la lucha contra el mal de este mundo y de la compasión hacia todos los que sufren.

3. La experiencia de San Pablo

La vida y la misión de San Pablo constituyen una importante lección para los predicadores del Evangelio. Es interesante observar que, por inspiración del Espíritu, la comunidad de Antioquia elige a Pablo y Bernabé para enviarlos a la misión (Hech 13:1–3). Igualmente importante es anotar que, al regresar a Antioquía, los dos predicadores comunican el resultado de su misión a la comunidad que los había enviado (Hech 14:27–28). Evidentemente, los predicadores se sienten responsables de un mensaje ante la comunidad que los elige y envía.

Los escritos de San Pablo están impregnados de esa conciencia y esa responsabilidad. Ya en su primera carta, nos recuerda con qué espíritu ha predicado el evangelio de Dios (1 Tes 2:9). En confrontación con los predicadores interesados que han aparecido por las diversas comunidades (cf. Flp 1:15), Pablo sabe y confiesa que su predicación no se basó en palabras persuasivas (1 Cor 2:4), sino en la gracia del Señor. Por eso se atreve a exponer la generosidad con la que se ha dedicado a predicar el mensaje de Jesucristo:

> Predicar el Evangelio no es
> para mí ningún motivo de gloria;
> es más bien un deber que me incumbe.
> Y ¡ay de mí si no predicara el Evangelio!
> Si lo hiciera por propia iniciativa,
> ciertamente tendría derecho a una
> recompensa. Mas si lo hago forzado,
> es una misión que se me ha confiado.
> Ahora bien, ¿cuál es mi recompensa?

Predicar el Evangelio entregándolo gratuitamente, renunciando al derecho que me confiere el Evangelio"

En las cartas pastorales, Pablo se presenta como predicador, apóstol y maestro de los gentiles en la fe y en la verdad (1 Tim 2:7). Su predicación está al servicio del evangelio. Es precisamente ese servicio el que le ha llevado a soportar todos sus sufrimientos, pero no se avergüenza, porque sabe bien en quién ha puesto su fe (2 Tim 1:11–12). Todavía otra vez afirma, que en el tiempo oportuno Dios ha manifestado su Palabra por la predicación que le ha sido encomendada según el mandato de Dios nuestro Señor (Tit 1:3). Ésta es la tarea que le ha sido encomendada: predicar la Palabra de Dios que se ha hecho presente en Jesucristo.

4

ORIENTACIÓN
DE LA IGLESIA

Después de evocar la doctrina bíblica, es oportuno recordar la importancia que la doctrina conciliar ha atribuido a la predicación en el seno de la Iglesia.

En primer lugar, es preciso recordar las enseñanzas del Concilio Vaticano II (1962–1965). En sus documentos se encuentran muchas notas que podrían constituir un auténtico manual sobre la predicación cristiana. Es cierto que no es éste el único texto que puede guiar nuestra reflexión. Desde aquel acontecimiento eclesial, se pueden recordar otros textos y orientaciones de la Iglesia sobre la importancia de la predicación.

1. La enseñanza conciliar

a. Al predicador cristiano la Iglesia le confía la Sagrada Tradición y de la Sagrada Escritura. El Concilio Vaticano II ha dejado muy claro que esos dos tesoros están íntimamente unidos en la conciencia y en la vida de la Iglesia. Así se expresa la *Constitución Conciliar sobre la Divina Revelación*:

"La Sagrada Tradición y la Sagrada Escritura están íntimamente unidas y compenetradas.

Porque surgiendo ambas de la misma divina fuente, se funden en cierto modo y tienden a un mismo fin. Ya que la Sagrada Escritura es la palabra de Dios en cuanto se consigna por escrito bajo la inspiración del Espíritu Santo, y la Sagrada Tradición transmite íntegramente a los sucesores de los Apóstoles la palabra de Dios, a ellos confiada por Cristo Señor y por el Espíritu Santo para que, con la luz del Espíritu de la verdad la guarden fielmente, la expongan y la difundan con su predicación; de donde se sigue que la Iglesia no deriva solamente de la Sagrada Escritura su certeza acerca de todas las verdades reveladas. Por eso se han de recibir y venerar ambas con un mismo espíritu de piedad" (DV 9).

Así pues, difundir por medio de la predicación ese doble tesoro es un gran honor para todos los cristianos. Pero lleva consigo una enorme responsabilidad.

b. En el número cinco de la *Constitución sobre la Iglesia*, nos recuerda el Concilio que empezó la Iglesia predicando la buena nueva, es decir, el Reino de Dios: "Porque el tiempo está cumplido, y se acercó el Reino de Dios" (Mc 1:15; cf. Mt 4:17).

Ahora bien, el mensajero de Dios quiso compartir esta misión con sus discípulos. Ya durante su vida terrena Jesús llamó a algunos para que colaborasen con él en el anuncio del Reino de Dios. El mismo Concilio afirma que "el Señor Jesús, después de haber hecho oración al Padre, llamando a sí a los que El quiso, eligió a los doce para que viviesen con El y enviarlos a predicar el Reino de Dios (cf. Mc 3:13–19; Mt 10:1–42)" (LG 19).

Al final de su vida terrena, el Señor Jesús, a quien se había dado toda potestad en el cielo y en la tierra, confió a sus apóstoles y a sus sucesores "la misión de enseñar a todas las gentes y de predicar el Evangelio a toda criatura, a fin de que todos los hombres logren la salvación por medio de la fe, el bautismo y el cumplimiento de los mandamientos (cf. Mt 28:18; Mc 16:15–16; Act 26:17ss.). Para el desempeño de esta misión, Cristo Señor prometió a sus apóstoles el Espíritu Santo, a quien envió de hecho el día de Pentecostés desde el cielo para que, confortados con su virtud, fuesen sus testigos hasta los confines de la tierra ante las gentes, pueblos y reyes (cf. Act 1:8; 2:1ss.; 9:15)". (LG 24).

La fiesta de Pentecostés es, en efecto, el punto de partida de la Iglesia peregrina y misionera. Después de aquel momento, "los Apóstoles, predicando en todas partes el Evangelio (cf. Mc 16:20), que los oyentes recibían por influjo del Espíritu Santo, reúnen la Iglesia universal que el Señor fundó sobre los Apóstoles y edificó sobre el bienaventurado Pedro su cabeza, siendo Cristo Jesús la piedra angular del edificio (cf. Ap 21:14; Mt 16:18; Ef 2:20)" (LG 19).

Cicerón decía que "la historia es maestra de la vida". Para los cristianos, la historia de Jesús y de sus apóstoles es el origen mismo de una vida de fe que conduce a la salvación. Aquella predicación de los primeros testigos del Evangelio habría de ser ejemplar y normativa para la Iglesia de todos los tiempos y en todos los lugares de la tierra. El espíritu de Jesús y de los apóstoles tiene que inspirar los contenidos y el modo en que se lleva a cabo la predicación en la Iglesia.

Es cierto que la Palabra de Dios es viva y eficaz. Es cierto que la Iglesia confía en la gracia de Dios más que en sus propios recursos. Sin embargo, en cada tiempo y lugar habrá de poner de su parte la mejor voluntad para que el mensaje de salvación que le ha sido confiado llegue hasta los confines de la tierra.

También a ese esfuerzo esperanzado se ha referido el Concilio Vaticano II, al afirmar que la Iglesia "se ve impulsada por el Espíritu Santo a poner todos los medios para que se cumpla efectivamente el plan de Dios, que puso a Cristo como principio de salvación para todo el mundo". Inmediatamente después de esta confesión de sabor trinitario, añade el Concilio un precioso texto sobre los fines que corresponden a la predicación de la Iglesia: "Predicando el Evangelio, mueve a los oyentes a la fe y a la confesión de la fe, los dispone para el bautismo, los arranca de la servidumbre del error y de la idolatría y los incorpora a Cristo, para que crezcan hasta la plenitud por la caridad hacia El" (LG 17).

No se puede decir más en menos palabras. Como se puede observar, en esos cinco puntos se resume el sentido y la finalidad de la predicación en el seno de la comunidad eclesial:

- mover a los oyentes a aceptar la fe y confesarla con su vida;
- preparar al bautismo a los que han acogido con fe la Palabra de Dios;
- liberar a la persona de la falsedad y de la esclavitud de los ídolos;
- ayudar a los creyentes a integrarse en el cuerpo de Cristo;
- guiar a los fieles por el camino que conduce a la perfección en el amor.

Cristo el Señor prometió a sus Apóstoles el Espíritu Santo para que fuesen sus testigos hasta los confines de la tierra (cf. Hechos 1:8; 2:1ss.; 9:15). Es una tarea espléndida la que se atribuye al ejercicio de la predicación. No es extraño que sea tan valorada por la tradición y por toda la comunidad cristiana. El Concilio la denomina con una palabra que evoca en los creyentes las actitudes mismas de Jesús, Siervo de Dios y siervo de sus hermanos: "Este encargo que el Señor confió a los pastores de su pueblo es un verdadero servicio, y en la Sagrada Escritura se llama muy significativamente "diakonía", o sea ministerio (cf. Hechos 1:17–25; 21:19; Rom 11:13; 1 Tim 1:12)". (LG 24)[3].

Más adelante se dice que, a imitación de María, la Iglesia se convierte en Madre al recibir fielmente la palabra de Dios: "en efecto, por la predicación y el bautismo engendra para la vida nueva e inmortal a los hijos concebidos por el Espíritu Santo y nacidos de Dios" (LG 64).

c. Como era de esperar, también la *Constitución Conciliar sobre la Sagrada Liturgia* se refirió a la predicación. La Liturgia da "fuerzas para predicar a Cristo y presenta así la Iglesia, a los que están fuera, como signo levantado en medio de las naciones, para que, bajo de él, se congreguen en la unidad los hijos de Dios que están dispersos, hasta que haya un solo rebaño y un solo pastor" (SC 2)[4].

---

3. Poco antes, dice el Concilio que, en los Obispos, a quienes asisten los presbíteros, Jesucristo mismo predica la palabra de Dios, administra los sacramentos de la fe a los creyentes y va agregando nuevos miembros a su Cuerpo (LG 21).
4. La misma Constitución recuerda que Cristo envió a los apóstoles, llenos del Espíritu Santo, a "predicar el Evangelio a toda criatura y a anunciar que el Hijo de Dios, con su Muerte y Resurrección, nos libró del poder de Satanás y de la muerte, y nos condujo al reino del Padre, sino también a realizar la obra de salvación que proclamaban, mediante el sacrificio y los sacramentos, en torno a los cuales gira toda la vida litúrgica" (SC 6).

Siendo muy importante, la Liturgia no agota toda la actividad de la Iglesia. Para llegar a ella, los hombres han de ser llamados a la fe y a la conversión. "Por eso, a los no creyentes la Iglesia proclama el mensaje de salvación para que todos los hombres conozcan al único Dios verdadero y a su enviado Jesucristo, y se conviertan de su caminos haciendo penitencia. Y a los creyentes les debe predicar continuamente la fe y la penitencia, y debe prepararlos, además, para los Sacramentos, enseñarles a cumplir todo cuanto mandó Cristo y estimularlos a toda clase de obras de caridad, piedad y apostolado, para que se ponga de manifiesto que los fieles, sin ser de este mundo, son la luz del mundo y dan gloria al Padre delante de los hombres" (SC 9).

Finalmente, situándose en un contexto más práctico, añade la misma *Constitución Conciliar sobre la Sagrada Liturgia*:

"Por ser el sermón parte de la acción litúrgica, se indicará también en las rúbricas el lugar más apto, en cuanto lo permite la naturaleza del rito; cúmplase con la mayor fidelidad y exactitud el ministerio de la predicación. Las fuentes principales de la predicación serán la Sagrada Escritura y la Liturgia, ya que es una proclamación de las maravillas obradas por Dios en la historia de la salvación o misterio de Cristo, que está siempre presente y obra en nosotros, particularmente en la celebración de la Liturgia" (SC 35).

Los principios bíblico-teológicos quedan suficientemente aclarados por el Concilio Vaticano II.

El itinerario de la Iglesia habría de ir aplicándolos a las necesidades y posibilidades propias de cada comunidad eclesial.

2. El Código de Derecho Canónico

Con frecuencia se suele mirar al *Código de Derecho Canónico* como una simple colección de leyes y ordenanzas. Sin embargo, en sus páginas se encuentra vivo el espíritu del Concilio. En ellas se unen las normas y el espíritu que las anima para guiar la vida de la comunidad cristiana.

El nuevo *Código* da una importancia extraordinaria a la función de enseñar en la Iglesia, a la que dedica el libro III. De hecho, el texto comienza reivindicando para la Iglesia el derecho de predicar el Evangelio a todas las gentes (cn. 747).

Al referirse concretamente al ministerio de la palabra divina, el *Código* explica que la función de anunciar el Evangelio ha sido confiada al Papa, los obispos, los sacerdotes y los diáconos (cn. 756–757), aunque es conveniente que el obispo cuente también con la ayuda de los miembros de los institutos de vida consagrada (cn. 758).

Ahora bien, precisamente en este contexto, el nuevo *Código*, que ya había sugerido la colaboración de los fieles laicos para la difusión del mensaje evangélico (cn.528.1), proclama el derecho y el deber de los fieles laicos de colaborar activamente en el anuncio del Evangelio:

"En virtud del bautismo y de la confirmación, los fieles laicos son testigos del anuncio evangélico con su palabra y el ejemplo de su vida cristiana; también pueden ser llamados a cooperar con el Obispo y con los presbíteros en el ejercicio del ministerio de la palabra" (cn. 759).

Evidentemente, el viento de un nuevo Pentecostés ha

soplado en la Iglesia, como ya lo esperaba Juan XXIII al convocar el Concilio Vaticano II[5]. Los fieles laicos son reconocidos como sujetos de la predicación evangélica, en un mundo en el que su voz puede ser escuchada con más facilidad que la de los pastores jerárquicos. De acuerdo con este nuevo espíritu, el Código se refiere más explícitamente a la predicación confiada a los laicos:

"Los laicos pueden ser admitidos a predicar en una iglesia u oratorio, si en determinadas circunstancias hay necesidad de ello, o si, en casos particulares lo aconseja la utilidad, según las prescripciones de la Conferencia Episcopal y sin perjuicio del can. 767, 1" (Canon 766).

La restricción que parece formular el canon 767 reserva la homilía a los presbíteros y diáconos. Los mejores comentaristas del *Código* muy pronto observaron que también en la celebración eucarística hay lugar para la predicación de los laicos. "En todo caso, en las celebraciones dominicales sin sacerdote, desgraciadamente cada día más frecuentes, no hay inconveniente en que la 'homilía' esté a cargo de un laico, por tratarse tan sólo de una función paralitúrgica"[6].

Para poder ejercer con dignidad este ministerio, los laicos tienen el deber y el derecho de formarse adecuadamente para adquirir conocimiento de la doctrina cristiana, como también afirma el mismo *Código de Derecho Canónico* (cn. 229.1).

---

5. La expresión se encuentra en la bula Humanae salutis (25.12.1961) con la que Juan XXIII convocaba el Concilio Vaticano II, pero ya antes la había él empleado en una alocución del día 17 de mayo de 1959, después de las vísperas de Pentecostés: cf. J.L. Martín Descalzo, El Concilio de Juan y Pablo, Madrid 1967, 251. 376.
6. Tal es el comentario del Dr. Lamberto de Echeverría, en *Código de Derecho Canónico. Edición bilingüe comentada,* Madrid 1983, 401.

5

LA FIGURA DEL PREDICADOR

Después de escuchar la palabra de Dios y de evocar algunas orientaciones recientes de la Iglesia, podemos ahora reflexionar sobre la responsabilidad que se espera de los cristianos llamados al ministerio de la predicación.

A la vocación gratuita, recibida de Dios para anunciar su mensaje de salvación, ha de corresponder una acogida sincera y generosa por parte de la persona que se siente llamada a este ministerio. Los llamados por Dios, de los que nos hablan las Escrituras, han puesto sus cualidades al servicio del mensaje que les era confiado.

En consecuencia será oportuno tratar de señalar algunas de las cualidades que se esperan de la persona llamada a predicar la palabra de Dios.

1. Cualidades humanas

Se suele decir que la gracia no destruye la naturaleza. Pero la supone, la perfecciona y la eleva. Jesús constituyó "pescadores de hombres" a los que ya practicaban el oficio de la pesca en el lago de Galilea. Así pues, en el predicador se suponen, al menos estas cualidades:

- Capacidad para hacer silencio interior en su vida. No se puede vivir con prisa y superficialidad si se quiere prestar atención a la voluntad de Dios. Se necesita silencio para poder escuchar atentamente la palabra de Dios, interpretarla con sabiduría y transmitirla con fidelidad.

- Al mismo tiempo, el predicador ha de aprender a escuchar las palabras de los hombres y mujeres de su tiempo y de su entorno. De esa forma la Palabra de Dios que le ha sido confiada caerá en tierra buena. Y los corazones bien dispuestos encontrarán en ella una respuesta a sus necesidades e inquietudes.

- El predicador ha de estar dotado de una cierta capacidad de comunicación y de convicción. Es oportuno cultivar las dotes oratorias que el predicador posea. Sin embargo, más que las palabras escogidas, convencen la sinceridad de los sentimientos y de las convicciones que el predicador deja adivinar en su propia conducta.

- Con todo, la actitud humana más importante es la humildad. Cuando una persona ha sido llamada a transmitir la palabra de Dios, ha de estar convencida de que el mensaje es más importante que el mensajero. Como escribe San Pablo, "Ni el que planta es algo, ni el que riega, sino Dios que hace crecer" (1 Cor 3:7).

2. Actitudes cristianas

Las actitudes cristianas no anulan las cualidades humanas que necesita el predicador, sino que las completan y las iluminan con la luz de la fe y la ayuda de la gracia de Dios. He aquí algunas de las actitudes que distinguen al predicador cristiano:

- Conciencia de la llamada de Dios. El predicador cristiano sabe que nadie puede arrogarse por sí mismo este ministerio de servicio a la palabra de Dios, si no ha sido llamado por el mismo Dios y confirmado por la Iglesia.
- Capacidad de escuchar la palabra de Dios que nos ha sido revelada en Jesucristo. No se trata de una escucha pasiva, sino de una disposición constante para guardar la palabra y meditarla en el corazón, como dice el evangelio respecto a María (Lc 2:19, 51).
- Disponibilidad para anunciar el mensaje de Dios a los cercanos y a los alejados de la fe. El predicador cristiano sabe que el tesoro de la palabra de Dios no le es confiado para su propio y exclusivo beneficio. No le es indiferente la suerte de sus hermanos.
- Vida de fe, vocación de esperanza, ejercicio de la caridad. Estas tres virtudes "teologales" tienen a Dios como sujeto y como destinatario. Dios cree en nosotros, espera algo de nosotros y nos ama. Pero nosotros hemos sido llamados a creer en Él, esperar en Él y amarle con todo el corazón, con toda el alma y con todas las fuerzas (Dt 6:5; Mt 22:37).

3. Defectos del predicador

Los humanos necesitamos con frecuencia observar las sombras para percibir mejor el esplendor de la luz. Las virtudes resaltan más cuando se las compara con los vicios.

El que ha sido llamado al ministerio de la predicación ha de estar siempre dispuesto a examinar el espíritu con el que asume esa misión y el modo como la lleva a cabo. Entre los defectos más característicos del predicador se podrían enumerar los siguientes:

- Caer en la altanería de creerse tan digno de ese ministerio que el predicador se considere imprescindible. El orgullo es mal consejero. El predicador orgulloso termina por predicarse a sí mismo. En lugar de proponer, trata de imponer y de imponerse.
- Considerar la Escritura Santa como si fuera su propio patrimonio. El predicador no debe manipular a su antojo los textos sagrados. Mucho menos debe utilizarlos en beneficio propio o de sus partidarios.
- Omitir las partes del mensaje que no convienen al predicador. Nunca debe silenciar las partes del mensaje bíblico o de la enseñanza moral de la Iglesia que contrastan claramente con su propio comportamiento.
- Dejar en ridículo a la Iglesia que lo ha elegido y le ha confiado el servicio de la palabra de Dios. El predicador no se debe a sí mismo sino a la Iglesia de Jesucristo a la que representa cuando transmite su mensaje.
- Hacer distinción de personas. Si bien el predicador debe acomodar su estilo a las capacidades de sus oyentes, no debe interpretar la palabra de Dios para halagar a los oyentes de una condición social o de un determinado grupo cultural.
- Seleccionar los lugares con relación a los beneficios que se espera recibir. Los que se dedican a la predicación merecen una justa retribución (1 Tim 5:17). Pero San Pablo se gloría de haber predicado gratuitamente el evangelio de Dios (2 Cor 11:7; Hech 18:3)
- Utilizar un lenguaje incomprensible para sus oyentes. El predicador cristiano sabe que el mensaje de Dios merece un lenguaje digno. No debe caer en la vulgaridad, pero tampoco debe emplear un lenguaje demasiado artificioso.

- Ofender a los fieles. Es ya un tópico decir que los malos predicadores molestan a sus oyentes, al criticarles de los vicios que se deberían atribuir precisamente a los que no acuden a escucharles.
- Abusar del tiempo de sus oyentes. El mal predicador pretende transmitir en cada predicación todo el mensaje que le ha sido confiado, sin tener en cuenta la capacidad de atención de sus oyentes y el tiempo de que disponen. Saber hablar implica saber callar a tiempo.
- Despreciar los juicios de los demás. Las personas que escuchan al predicador pueden tener una buena capacidad de discernimiento. El buen predicador ha de escuchar la valoración que sobre su actuación pueden hacer los fieles que escuchan su predicación.

Evidentemente, estos defectos son enumerados aquí solamente a modo de ejemplo. No pretenden constituir un exhaustivo examen de conciencia para el predicador. Pero pueden ayudarle a confrontar su actuación con los criterios que nos ofrece la misma palabra de Dios sobre este delicado ministerio.

Por otra parte, es preciso advertir que nadie puede superar en solitario sus propios defectos. La ayuda sincera y cordial de los hermanos en la fe puede ayudar a los creyentes a reencontrar el camino justo en el seguimiento de Jesucristo.

PARTE II

FORMACIÓN

La palabra de Dios que se contiene en la Sagrada Escritura es viva y eficaz. Y la vida de la Iglesia, que refleja la Sagrada Tradición está llena de riqueza espiritual y de sabiduría humana. Transmitirlas con dignidad exige una seria formación. El mensajero debe respeto al mensaje y a los oyentes del mismo. Es evidente que el predicador ha de conocer suficientemente el contenido que ha de transmitir a sus oyentes.

Los contenidos de la predicación cristiana los vemos claramente reflejados en las cuatro partes en las que se divide el *Catecismo de la Iglesia Católica.* Esas cuatro partes resumen, en realidad, los "símbolos" que unen y distinguen a los miembros de la comunidad cristiana.

Los miembros de una comunidad religiosa nos reconocemos, gracias a algunos "símbolos" que nos distinguen de los demás. Esos símbolos no sólo nos sirven para encontrarnos en medio de la multitud, sino para profesar nuestra pertenencia a una misma comunidad.

Esos símbolos que evidencian, fomentan y recrean nuestra pertenencia a la Iglesia Católica son las verdades de la fe que alimentan nuestra vida de creyentes, los ritos con que celebramos la salvación, el comportamiento moral que refleja en la práctica aquella fe, y las oraciones que nos identifican como discípulos de Jesús.

En esos cuatro ámbitos simbólicos se resumen los conocimientos imprescindibles que ha de poseer el predicador. Es preciso saber lo que se ha de *creer*, lo que se ha de *celebrar*, lo que se ha de *vivir* y lo que se ha de *orar*.

6

SABER LO QUE SE HA DE CREER

El predicador ha de estar bien formado para transmitir las verdades de la fe cristiana. La fe no es racional, pero sí es razonable. Nadie cree en Dios apoyado solamente en su razón, pero no le faltan razones para creer. Y el cristiano ha de estar preparado para dar razón de ella a quien se la pida.

Creer es, sobre todo, depositar la confianza en otra persona. En este caso, creer en Dios significa reconocer a Dios como fuente de la verdad y del amor. Creer es confiar en su palabra y decidir ajustar la propia vida a su voluntad. Creer es aceptar vivir en la fe.

1. La fe

Al igual que la vida misma, el conocimiento o la amistad, también la fe tiene algo de gratuito y algo de trabajoso. La fe, en efecto, es un don de Dios, pero es también una tarea encomendada al creyente.

a. En primer lugar, la fe es un don gratuito de Dios. Nadie puede considerarse con derechos a ese don que se le otorga de forma inmerecida. Claro que no basta afirmar que la fe es un don de Dios, si no se tiene la idea de un Dios bondadoso. De lo contrario ese don podría ser maléfico para el ser humano. La consideración de la fe como un don bueno para el hombre implica el reconocimiento de la bondad de Dios y de la conveniencia de aceptar ese don.

La aceptación del don de la fe se refleja en la necesidad de la oración de petición y de acción de gracias. El primer deber que se sigue del reconocimiento de la fe como un don bueno, es precisamente la necesidad de pedirlo a su dador. Y puesto que el creyente reconoce que la fe es un don bueno para él, habrá de dar gracias por la merced que Dios le hace.

Es más, quien así se siente agraciado, deberá tratar de comunicar ese don a las personas que conoce y aun a las que no conoce. En consecuencia, una de las primeras responsabilidades horizontales con relación al don de la fe es la de anunciarla con la palabra y con la vida. El don de la fe exige compartir la vocación de ofrecer un testimonio agradecido de la belleza de ese don.

b. En segundo lugar, la fe es una tarea humana y una luz que ilumina las tareas humanas. Es una *tarea* en cuanto la fe inicial ha de ser alimentada, defendida y orientada para que se robustezca y madure al par que crece y madura la persona. No puede identificarse con un sentimiento pasajero, ni puede ser relegada al ámbito de lo mítico. No puede convertirse en un expediente para obtener bienes de fortuna ni puede ser utilizada como un medio para hacer violencia a la libertad del mismo Dador.

Y es una luz que ilumina las demás tareas, en cuanto que define al creyente frente a las realidades terrenas de la vida. San Agustín decía que "no vive bien aquel que no cree bien de Dios"[7]. No puede ser indiferente la admis-

---

7. SAN AGUSTÍN, La ciudad de Dios, V, 10, 2.

ión de un valor absoluto que relativiza todos los demás valores. Quien cree en Dios no podrá adorar un ídolo. En consecuencia es libre ante las seducciones del mundo y ante las tres apetencias del tener, el poder y el placer que continuamente solicitan la atención de la persona.

c. La fe determina la rectitud del comportamiento moral. "Creer es crear". La fe es dinámica y se manifiesta en el compromiso de cada día. El creyente en Dios interpela con su misma vida al que dice no creer en Dios pero absolutiza unos valores a los que presta adoración. Pero también los que dicen no creer, acusan con razón al creyente de hipocresía cuando no ven reflejada su pretendida fe en opciones radicales y coherentes con esa fe que dice profesar.

Unos y otros saben bien que no se puede creer con frivolidad. El creyente tiene que ser un testigo radical del absoluto. Cuando es verdadero, el testimonio del creyente ha de ser afectuoso y humilde, generoso y perdonador. De ahí la inquietud que ocasiona el testimonio último del creyente, es decir el martirio. De ahí el interés de la sociedad no creyente por desvirtuar esa ofrenda coherente de la vida como respuesta agradecida al don supremo recibido de Dios.

2. El Credo

Además de saber qué es creer, es decir, qué es la fe, el predicador ha de conocer lo que creemos, es decir el objeto de la fe. Este objeto se contiene fundamentalmente en el "Credo", que por eso se llama también la "profesión de fe".

Como se puede observar ya desde el primer momento, la fe cristiana no incluye un conjunto de verdades abstractas, sino que recoge los hechos de una historia de salvación. No creemos en la paz o la justicia—como a veces se dice—sino que creemos en un Dios justo que nos da su paz y nos invita a difundirla. No creemos en algo sino en Alguien.

El Credo cristiano sigue un esquema trinitario. La fe en la Trinidad Santa no puede abandonar al cristiano que ha sido bautizado en el nombre del Padre, del Hijo y del Espíritu Santo.

a. Creemos en Dios, al que confesamos como Padre todopoderoso, creador del cielo y de la tierra. Esa fe nos libera de la superstición y de la magia.

La fe en un Dios Padre nos libra también del temor. Sabemos que Dios es amor y que Él nos amó cuando todavía éramos pecadores. Su amor suscita en nosotros la confianza.

La fe en un Dios todopoderoso, nos lleva a confiar en su providencia amorosa y nos libra de creer en el destino ciego y en el azar.

La fe en un Dios creador y Señor del universo y de la historia, suscita en nosotros la esperanza y nos libera de las tiranías de este mundo y de la dependencia de los astros.

b. Creemos en Jesús, el Mesías y el Señor, hijo de Dios nacido de la Virgen María. Nos sabemos llamados a seguirle como camino, verdad y vida.

Recordamos los misterios de la vida terrena de Jesús y descubrimos en ellos que la Palabra de Dios se ha hecho carne en Él para habitar entre nosotros.

Reconocemos que Jesús se ha entregado por nosotros, ha muerto por nuestros pecado, ha resucitado de entre los muertos y ha sido glorificado por el Padre.

Confesamos que el Señor Jesús permanece con nosotros hasta el final de los tiempos y que lo encontramos en su palabra y en la eucaristía, en la congregación eclesial y en los hermanos más pobres y humillados con los que Él ha querido identificarse.

c. Creemos en el Espíritu Santo, Señor y dador de vida, que procede del Padre y del Hijo y que habló por los profetas.

El Espíritu que guió a Jesús en su vida terrena y que Él nos prometió en su última cena, orienta a la Iglesia y la lleva a dar testimonio del amor de Dios en el mundo.

Nuestra fe nace, crece y se desarrolla en la Iglesia, una, santa, católica y apostólica, que nos acoge y acompaña como madre y maestra.

En la Iglesia y por medio de ella encontramos el perdón de los pecados y se fortalece en nosotros la esperanza de la resurrección y de la vida eterna que Dios nos ha prometido.

d. El predicador ha de reflexionar constantemente sobre el contenido del Credo, sabiendo que la fe requiere una comprensión lúcida y seria, para que podamos dar cuenta de ella en medio del mundo.

Además de las verdades de la fe trinitaria, el predicador tendrá que hablar con frecuencia de la Virgen María y de los santos. Estos temas suscitan a veces dificultades en el diálogo con los hermanos cristianos no católicos. Refiriéndose a la devoción mariana el Concilio Vaticano II exhorta a los teólogos y a los predicadores a que se abstengan "tanto de toda falsa exageración, como también de una excesiva estrechez de espíritu, al considerar la singular dignidad de la Madre de Dios". En una nota metodológica añade que, estudiando la Sagrada Escritura, la doctrina de los Santos Padres y doctores y las Liturgia de la Iglesia bajo la dirección de Magisterio evitarán todo error y ayudarán a los fieles a comprender la verdadera devoción a María. Ésta "no consiste ni en un afecto estéril y transitorio, ni en vana credulidad, sino que procede de la fe verdadera, por la que somos conducidos a conocer la excelencia de la Madre de Dios y somos excitados a un amor filial hacia nuestra Madre y a la imitación de sus virtudes" (LG 67).

7

COMPRENDER LO QUE SE HA DE CELEBRAR

Todo lo que llena de sentido nuestra vida ha de encontrar momentos especiales para celebrarlo. Celebramos la fecha de un nacimiento, de un matrimonio, de una ordenación sacerdotal. La celebración subraya el valor del tiempo y de los días en los que se adensa la experiencia de la vida. Es impensable celebrar los grandes momentos a solas. La celebración exige el encuentro en comunidad de ideales y de afectos.

También la fe cristiana se alimenta, se comparte y se difunde en la celebración. Es más, lo que creemos se refleja en lo que celebramos y nuestras celebraciones de la fe reflejan lo más importante y lo más vital de nuestras creencias.

Por eso el predicador tiene que reflexionar sobre el sentido de la celebración en la vida cristiana y sobre el signos celebrativos que jalonan esa vida.

1. La celebración

a. La vida del ser humano no puede ser privada de su dimensión trascendente. El hombre es más que lo que produce. Y sus relaciones no se agotan en el disfrute de las cosas ni en el encuentro con los demás. Junto al don de lo otro y de los otros, el hombre percibe la autodonación del Absolutamente Otro.

Ahora bien, los encuentros que realizan al ser humano acontecen en un lugar y en un tiempo concretos. El espacio y el tiempo quedan así marcados por signos indelebles que señalan el descubrimiento del sentido. Se convierten así en hitos cuasi-sacramentales que significan y realizan la plenitud de la vida.

La persona retorna a ellos con ánimo evocador y agradecido, deseando revivir las experiencias que han enriquecido su vida. Este retorno tiene un carácter casi sagrado, en cuanto que no es motivado por finalidades de lucro y de ganancia. Este retorno es gratuito y gratificante a la vez.

Pues bien, algo de eso ocurre también con el encuentro con lo sobrenatural. Aunque hubiera ocurrido una sola vez en la vida, su evocación revitaliza el espíritu y ayuda al ser humano a orientar el resto de sus días. Tal evocación memorial constituye una celebración de la vida y su sentido.

b. Para el antiguo pueblo de Israel, la celebración de las fiestas y especialmente la celebración del sábado marcaba antiguamente los ritmos de la naturaleza, la siembra y la cosecha, el nacimiento de los corderos o el esquileo de las ovejas. Se celebraba la vida y su misterio.

Andando el tiempo, las fiestas de Israel terminarían evocando los grandes momentos de la historia del Pueblo. De ser una fiesta para celebrar la llegada de la primavera, la Pascua se convirtió en el recuerdo de la liberación de Egipto.

Celebrar el día del sábado significaba recordar y

agradecer el don de la creación de las cosas que Dios había reconocido como buenas y confiadas a la responsabilidad del hombre. Pero significaba también recordar los tiempos de la esclavitud y agradecer el don de una libertad que era un puro don de Dios.

c. Al igual que para Israel, también para el pueblo cristiano la celebración tiene una dimensión vertical y otra horizontal. Celebrar es "recordar" la historia de la salvación que tiene a Dios como protagonista y "encontrar" a los hermanos en el gozo agradecido de un camino recorrido en libertad.

Los cristianos, sin embargo, celebran a Dios en el primer día de la semana. En ese día hacen memoria de la resurrección de Jesús y se comprometen a vivir de una forma coherente con la vida que brota de la nueva Pascua. Ese primer día de la semana recibió muy pronto el nombre de *"Dies dominica"*, día del Señor.

Es interesante subrayar que los cristianos no celebran el último día de la semana, sino el primero. Su celebración no se identifica con el cansancio que cierra el ciclo fatigoso de una semana de trabajo. Su celebración significa su confianza en un Dios providente. Dedican a Dios no el fin de las labores sino el tiempo primicial que precede a las fatigas.

La fe nos invita a celebrar los misterios de nuestra salvación. En la celebración, el creyente confía en la providencia de Dios y agradece la nueva vida del Resucitado que se derrama generosa sobre todos los que han participado en el misterio de la muerte de Jesucristo.

2. Lo que celebramos

a. Los cristianos celebramos el día del Señor haciendo memoria de su entrega por nosotros. La Eucaristía es el centro de la celebración cristiana. Pero tanto la tradición como la reflexión teológica vinculan la Eucaristía con la sacramentalidad misma de la Iglesia (LG 1.45) y con todos los demás sacramentos (PO 5).

b. Como ha hecho Benedicto XVI en su exhortación *Sacramento de la caridad*, el predicador habrá de preguntarse la intima relación que hay entre los sacramentos, y la relación que todos ellos tienen con nuestra conversión.

Ese camino de conversión, que es la iniciación cristiana requiere la ayuda de Dios, pero también la colaboración de la familia. "Recibir el Bautismo, la Confirmación y acercarse por primera vez a la Eucaristía, son momentos decisivos no sólo para la persona que los recibe sino también para toda la familia, la cual ha de ser ayudada en su tarea educativa por la comunidad eclesial, con la participación de sus diversos miembros" (SC 19). En ese contexto, el Papa subraya la importancia de la primera Comunión "como el primer momento en que, aunque de modo todavía inicial, se percibe la importancia del encuentro personal con Jesús" (SC 19).

c. De modo semejante, la exhortación va vinculando la Eucaristía con el sacramento de la Reconciliación, y afirma que es muy necesario precisamente porque nuestra cultura actual tiende a borrar el sentido del pecado. En nuestro tiempo es muy importante resaltar la recepción digna de la Comunión sacramental (SC 20).

El predicador no tiene que subrayar tanto la importancia del pecado que olvida la importancia de la salvación que Dios nos ha ofrecido en Jesucristo. Pero nunca deberá olvidar el mensaje del perdón que se nos ofrece en la celebración del sacramento de la penitencia.

d. Con relación a la Unción de los Enfermos, recuerda el Papa que este sacramento une los dolores y padecimientos del enfermo con los de Cristo, de manera que cuando se recibe en la fe, el enfermo colabora en la redención y salvación del mundo. (SC 22).

e. La relación de la Eucaristía con el sacramento del Orden se desprende de las mismas palabras de Jesús en el Cenáculo: «hagan esto en conmemoración mía» (Lc 22:19). Si Jesús es sacerdote, víctima y altar, sus sacerdotes saben que "nadie puede decir «esto es mi cuerpo» y «éste es el cáliz de mi sangre» sino es en el nombre y en la persona de Cristo, único sumo sacerdote de la nueva y eterna Alianza (cf. *Hb* 8–9)".

El predicador habrá de conocer y explicar en su momento la identidad y la misión del ministerio sacerdotal y exponer la belleza y la responsabilidad de la vocación sacerdotal.

f. También habrá de recordar el predicador la vocación al matrimonio cristiano. El carácter esponsal de la Eucaristía incluye una relación peculiar con el sacramento del Matrimonio, pues es signo del amor esponsal de Cristo con su Iglesia. (SC 27).

Una reflexión atenta merecen situaciones especiales como la de los convertidos que provienen de culturas en las que se practica la poligamia, y la de las personas que se han divorciado y contraído nuevas nupcias. En estos casos es preciso anunciar el Evangelio en la verdad y en el amor y discernir bien las diversas situaciones, con el fin de poder ayudar espiritualmente de modo adecuado a los fieles implicados. El Papa invita a una mayor participación en la vida de la Iglesia, incluso a los que no pueden recibir la comunión (SC 29).

8

DECIDIRSE A VIVIR EN CRISTO

Lo que creemos y celebramos los cristianos ha de reflejarse en nuestro comportamiento diario. El dogma y la liturgia se hacen visibles en la moral.

El predicador no sólo anuncia y explica los contenidos fundamentales de la fe, así como el significado de los sacramentos, sino que debe invitar a sus oyentes a vivir de acuerdo con lo que creen y celebran. La exhortación moral no puede estar ausente en la predicación cristiana.

Así pues, el predicador deberá formarse en los fundamentos de la moralidad cristiana y en los valores y virtudes que comporta.

1. El comportamiento moral

a. Con nuestros hermanos judíos, creemos que el ser humano ha sido creado "a imagen y semejanza de Dios" (Gén 1:27). Esa conciencia nos exige comportarnos como corresponde a tal dignidad. El ser humano es imagen de Dios. La antropología de la iconalidad nos recuerda que el hombre no es puramente una realidad sagrada, aunque tampoco es una realidad exclusivamente profana.

Imagen de Dios ante el mundo cósmico y humano. Imagen del cosmos y de la humanidad ante Dios. Eso es el ser humano para la fe cristiana. Esa constitución del ser

humano como imagen de Dios es un fundamento imprescindible para la ética cristiana de la persona, así como
para la opción decidida en favor del hombre concreto,
especialmente el más pobre y el más débil.

A través del don de la participación en el misterio
pascual, la persona comprende de forma absolutamente
nueva su vocación original "a la luz de Cristo, imagen de
Dios invisible, primogénito de todas las criaturas" (GS
10). La persona se convierte en el "hombre nuevo" que
vive el seguimiento de Cristo, gracias al Espíritu y actúa
de una forma resucitada, sabiendo que Cristo mismo
actúa en su vida.

Es cierto que el seguimiento se va realizando entre
decisiones que con frecuencia entran en conflicto. Por
tanto, la elección de unas obras u otras, requiere la
actuación de la virtud de la prudencia y un ejercicio de
discernimiento.

b. Ahora bien, en cuanto cristianos, sabemos que hemos
sido llamados a seguir a Jesús en nuestra vida (Mc 8:34–37).
Somos imagen de Cristo, que es palabra a imagen de Dios.
Jesús es la Palabra primera y última de Dios. Por eso, se
puede decir con toda razón que Jesucristo es la única
palabra de Dios. Después de pronunciar esa palabra, el
Padre ya no tiene otra, como dice San Juan de la Cruz[8].
En Jesucristo, Palabra de Dios se desvela la voluntad de
Dios. Pero se desvela también la orientación fundamental
del ser humano. El ser y el deber ser de cada persona.

En el seguimiento personal de Jesucristo se encuentra,
pues, la clave de la vida moral del cristiano. En la clave
del seguimiento de Cristo se entienden "cristianamente"

---

8. SAN JUAN DE LA CRUZ, Subida al Monte Carmelo, 2, 22, 34.

tanto la llamada a la *conversión* cuanto la oferta de la *virtud*, categorías que son propias en todo sistema ético. En el cristianismo no se pide una *conversión* a un ideal abstracto, sino a una persona concreta. Y a los cristianos no se les ofrece un esquema abstracto de virtudes, sino el modelo revelado de la plenitud del ser humano.

El seguimiento de Cristo incluye la obediencia al "mandato nuevo" del amor proclamado por Jesús (Jn 13:34). Más que de una "imposición", se trata de la revelación definitiva de Dios por medio de Jesús. Nacidos del amor, los cristianos creen que han nacido para el amor. El amor es su origen y su destino. Ésa es la clave de su realización y de su felicidad.

En el camino del seguimiento de Cristo, nacido de la fe y consolidado en el amor, ha de haber también un puesto de honor para la virtud de la esperanza. Jesucristo nos revela el diseño creatural de Dios, pero nos muestra y garantiza también su cumplimiento definitivo. Jesucristo es el hombre que estamos llamados a ser. Gracias a Él se nos muestra la plenitud de lo humano en la aceptación del señorío de Dios.

c. Cristo no es sólo el Maestro, es también el consujeto del comportamiento moral cristiano. San Pablo trata de expresar la riqueza del existir cristiano sirviéndose de la expresión "en Cristo" o, más frecuentemente aún "en Cristo Jesús", para indicar que los fieles viven injertos en su misma vida. Los cristianos están en Cristo, en cuanto que, sumergidos en Cristo, tienen ya a Cristo (cf. 1 Cor 1:13, 16) y han sido revestidos de Cristo (cf. Gál 3:27). Por el bautismo, el hombre deja de existir "en Adán", es decir, en la carne, en la Ley, en la muerte y en el pecado, y comienza una nueva existencia "en Jesucristo" (cf. Rom 6:3,

11). Con todas estas expresiones, el apóstol Pablo subraya la seriedad del compromiso de vivir en Cristo, es decir, de acuerdo con su vida y sus ideales.

Pero los cristianos no sólo están "en Cristo", sino que también Cristo está en ellos, realizando su justicia (cf. Rom 8:10), como un consujeto de su vida psíquica y espiritual (Gal 2:20). Como Adán vive en cierto modo en cada uno de los hombres, sus descendientes, así también Cristo vive en los fieles, haciéndoles partícipes de su propia resurrección de entre los muertos. La vida nacida de la muerte y resurrección de Jesucristo penetra y transforma a los cristianos y constituye su verdadera vida, vida para Dios en la fe del Hijo de Dios, "vida de Cristo en mí"—dice Pablo—que desemboca en la vida eterna (cf. 1 Tim 1:16).

Ahora bien, "con solas sus fuerzas naturales no puede el hombre cumplir el precepto de amar a Dios lo mismo que se cumple gracias a la caridad"[9]. El seguimiento de Cristo es imposible sin la presencia del Espíritu del Resucitado.

d. Todo esto es importante para la predicación de la moralidad cristiana. El bien y el mal, la virtud y el pecado no se definen por una referencia a valores abstractos, sino en relación a los valores del Reino de Dios, revelados en el Mesías Jesús. A la luz de esa vocación hay que explicar las categorías morales fundamentales, como la libertad y la responsabilidad, la norma y los valores, la ley y la conciencia, el pecado y la virtud.

• La *libertad* nace del seguimiento de Jesús. La obediencia

---

9. TOMÁS DE AQUINO, S.Th. 1–2, 109, 4, ad. 3m.

al proyecto de Dios no sólo no limitaba su libertad, sino que la constituía y posibilitaba.

- La *responsabilidad* es llamada y respuesta, promesa e interpelación. El seguimiento/imitación de Cristo nos ayuda a redescubrir el comportamiento moral como un ejercicio, siempre perfectible de la responsabilidad ante Dios y ante sus hijos.

- Las buenas actitudes llevan a una vida conforme con las exigencias del Reino de Dios. La limosna, la oración y el ayuno no superan la "justicia" farisaica cuando van acompañados de una actitud egocéntrica (cf. Mt 6:1–18). Jesús afirma que los actos buenos pueden a veces ser realizados al modo pagano (cf. Mt 6:32; Lc 6:27–35). Como contrapartida, anuncia y propugna el ideal humano y religioso de las bienaventuranzas (Mt 5:1–12). Aunque responden al deseo natural de felicidad que se halla en el corazón de todo ser humano (CEC 1718), superan de alguna manera la inteligencia y las solas fuerzas humanas (CEC 1722).

- También la categoría de la ley moral puede beneficiarse de la idea del seguimiento de Cristo. Jesús mismo cumple personalmente la Ley de Moisés e invita a sus seguidores a cumplirla (Mt 4:17 ss; 8:4). De su Maestro han heredado los cristianos la convicción de que es preciso observar la Ley, sin arrogarse el derecho de omitir su cumplimiento de forma irresponsable (Mt 23:23; Lc 11:42).Jesús apela a una perfección interior que supere la simple fidelidad literal a determinadas leyes. Así insiste en la vivencia de la pobreza "según el Espíritu",en la limpieza "del corazón" más que en el lavatorio de las manos, en el "ojo simple y luminoso" que refleja las buenas intenciones (Mt 4:3.8.28; 6:19–23).

- El tema del seguimiento de Jesús y de la imitación de

Cristo puede llenar de sentido religioso el tema ético de la *conciencia*. En el lenguaje de Jesús, la lámpara del cuerpo es el ojo y es deseable que el ojo esté sano (cf. Mt 6:22–23; Lc 11:33–36). El Maestro advierte que es preciso estar atentos para que la luz que hay en nosotros no se convierta en tiniebla (Lc 11:35). Con esa exhortación, se invita al discípulo a estar atento para que la luz interior se mantenga viva y presente. Eso será posible cuando su luminosidad sea un reflejo de la luz eterna, es decir de la verdad increada de Dios que ha sido revelada en Jesucristo.

- También la categoría moral del *pecado* encontraría una dimensión más personal y cristológica a la luz de la experiencia del seguimiento de Jesús. Él repite una y otra vez que no ha venido a buscar a los justos sino a los pecadores (Mt 9:13; Mc 2:17; Lc 4:32). Al mismo tiempo, manifiesta que el mayor pecado consiste en no abrirse a la oferta de la salvación gratuita de Dios. Según la dura expresión evangélica, los que siendo ciegos presumen de ver con claridad, permanecen en su pecado (Jn 9:41).

Los mandamientos de la Ley se resumen en el mandato de buscar la perfección—"Sean perfectos"—porque ése es el verdadero camino de la filialidad ante un Padre celestial que es perfecto (Mt 4:48). O bien, como traduce Lucas: "Sean misericordiosos, como su Padre es misericordioso" (Lc 6:36).

Tanto los evangelios sinópticos (Mc 12:28–34) como la teología joánica (Jn 13:34; 14:12) reducen el núcleo de la nueva ley al amor al prójimo, en estrecha vinculación con el amor a Dios. Por consiguiente, el criterio del discernimiento ético—y del pecado—pasa a ser, en conexión con la mejor tradición profética, la acogida a los pobres o su rechazo (Mt 24:31–46).

2. Cómo nos comportamos

Si la categoría del seguimiento de Jesús y la de la imitación de Cristo ayuda a comprender las categorías morales fundamentales, también nos iluminará a la hora de decidirnos formular las decisiones morales. que se nos plantean cada día.

a. Los tres primeros mandamientos del decálogo se resumen en la *virtud de la religión*. La finalidad y el significado de la religión es el honor y la gloria de Dios (cf. Rom 11:36). Jesús es modelo también en lo que respecta a la virtud de la religión. Los evangelios nos dicen que acudió al templo, según lo prescrito por la Ley (cf. Lc 2:41) y que participaba con regularidad en las celebraciones del sábado en las sinagogas (cf. Lc 4:16). Su misma protesta contra los abusos introducidos en el templo (Mt 4:23; 21:12) es una señal de su respeto religioso. No criticaba la actitud religiosa, sino sus deformaciones. Jesús trataba de llevar el culto a su verdadero sentido, al anunciar el advenimiento de una religiosidad en espíritu y verdad (Jn 4:23–24). Por otra parte, la forma de orar de Jesús se convierte en ejemplar para sus discípulos (cf. Lc 11:1) y su participación en la cena pascual induce a los suyos a imitarlo en el rito y en el nuevo significado que asume por la entrega de su vida: "Haced esto en memoria mía" (Lc 22:19).

b. La *piedad familiar* se encuentra reflejada en el cuarto mandamiento. Nacido en el seno de una familia (cf. Lc 2:39–52), Jesús subraya la grandeza y santidad de la relación matrimonial, evocando el proyecto del Creador "desde el principio" (cf. Mt 19:4). Por otra parte, a pesar de valorar la dignidad de la familia de origen, insinúa el valor de la nueva familia que nace de la comunidad de la fe (cf. Mt 12:50). El seguimiento de Cristo orienta la relación del cristiano en el seno de la familia (cf. Mt 18: 21–22).

En la sociedad actual, a veces es difícil la convivencia familiar. Hay situaciones muy complejas, pero el ideal del amor y de la vida compartida en la familia han de permanecer claros y vinculantes para los creyentes que han decidido seguir a Jesucristo.

c. Otro de los campos en los que las actitudes de Cristo resultan modélicas para sus seguidores es el del *respeto a la vida* tutelado o el quinto mandamiento del decálogo. Liberado de las intenciones asesinas de Herodes (cf. Mt 2:13–18), Jesús critica de forma indirecta las matanzas ordenadas por Pilato contra los peregrinos galileos (Lc 13:1–3).

Quien quiere seguir a Jesús, como el joven rico, ha de cumplir los mandamientos, entre los cuales se recuerda el que prohíbe el homicidio (Mt 19:18). Sin embargo, para el discípulo de Cristo no es suficiente con no matar: es preciso salvaguardar y promover el valor de la vida humana. Jesús mismo excluye las posturas que establecen una cierta proscripción del prójimo en razón de sus capacidades intelectuales o de su comportamiento religioso (Mt 5:21–26). Es más, en una de sus parábolas pone como modelo al samaritano que se compadece de un peregrino al que los ladrones había dejado medio muerto (cf. Lc 10: 33–37).

En la sociedad actual, seguir a Jesucristo significa apostar por la defensa de la vida, desde su concepción hasta su muerte natural sin discriminaciones de género o de raza, de afiliación política o religiosa, de enfermedad o de edad.

d. Jesús resulta un modelo visible por lo que se refiere a la virtud de *la castidad*, que promueven el sexto y noveno mandamiento. Con toda seguridad, Jesús se refiere a sí mismo cuando habla de los que se han hecho eunucos a sí mismos por el Reino de los Cielos (cf. Mt 19:12)[10].

Esa motivación, a la vez teológica y cristológica, se ve reflejada en los escritos apostólicos cuando invitan a los fieles a vivir una vida diferente a la depravación que contemplan en el mundo pagano. "Sean, pues imitadores de Dios, como hijos queridos, y vivan en el amor como Cristo los amó y se entregó por nosotros como oblación y víctima de suave aroma. La fornicación, y toda impureza y codicia, ni siquiera se mencione entre ustedes, como conviene a los santos" (Ef 5:1–3).

e. Por otra parte, no puede confesar coherentemente su vocación a seguir a Jesucristo quien no se compromete en la promoción de *la justicia,* promovida por el séptimo y el décimo mandamiento. Jesús anuncia expresamente que entre los objetivos de su misión está el anuncio de la Buena Nueva a los pobres (Lc 4:18). Los proclama dichosos, porque a ellos pertenece el Reino de Dios (Lc 6:20), mientras que los ricos suscitan su lamentación, por haber recibido ya su consuelo (Lc 6:24). En su mensaje hay un puesto importante para la condena de la codicia (Lc 12:13–21).

El que no tenía donde reclinar su cabeza, está más que autorizado para pronunciar una de sus exhortaciones

---

10. Cf. J.R. FLECHA, *Moral de la persona*, BAC, Madrid 2002, 273-274.

más vibrantes: "Gánense amigos con los bienes de este mundo. Así, cuando tengan que dejarlos los reciban en las moradas eternas" (Lc 16:9).

También en los escritos apostólicos, la imitación de Cristo pasa por la promoción de la justicia y por la atención afectiva y efectiva a los pobres (cf. Sant 2:1–9; 5:1–5).

f. Especialmente claro es el testimonio que Jesús ofrece de amor a *la verdad*, reflejado en el octavo mandamiento del decálogo. En el contexto del sermón de la montaña, el Maestro revisa el mandato que prohíbe prestar un falso testimonio y exige de sus discípulos un lenguaje claro y transparente (Mt 5:33–37). A quien vive en la verdad no le hace falta pronunciar juramentos.

Él mismo Jesús es admirado por su sinceridad. Así le dicen los fariseos que tratan de ponerle a prueba con la pregunta sobre la licitud de los tributos exigidos por Roma: "Maestro, sabemos que eres sincero, que enseñas con verdad el camino de Dios, y que no te dejas influenciar por nadie, pues no miras las apariencias de las personas" (Mt 22:16).

Jesús se presenta como la verdad (Jn 14:6) y ruega al Padre que consagre a sus discípulos en la verdad (Jn 17:17).

La imitación de la imagen de Dios y la permanencia en Cristo, el Hombre Nuevo, motivan las exhortaciones apostólicas: "No se engañen unos a otros" (Col 3:9); "Destierren la mentira, que cada uno diga la verdad a su prójimo" (Ef 4:25).

He ahí resumidos los grandes valores morales que tutelaban las palabras del decálogo. El predicador habrá de formarse para conocer su sentido y sus implicaciones concretas en la vida de cada día.

9

APRENDER A ORAR A DIOS

En todas las religiones la oración ocupa un lugar
insustituible. La persona religiosa reconoce la grandeza de
Dios, se encomienda a su protección, le pide su bendición
o le agradece sus beneficios. Ser religioso es entrar en
diálogo con Dios.

El predicador habrá de formarse en el conocimiento
de la oración y en la práctica de la misma.

1. Sentido de la oración

a. Quien cree en el Dios vivo, sabe que su voz no resuena
en un vacío sin nombre. Invocar a Dios no es para el
verdadero creyente un acto puramente voluntarista. Es
más bien entrar en un diálogo en el que la iniciativa parte
del mismo Dios: "Yo te invoco porque tú me respondes,
Dios mío, inclina el oído y escucha mis palabras" (Sal 17:6).
La invocación a Dios es una de las señales para reconocer
al verdadero creyente. Los malvados no invocan a Dios
y maltratan a sus semejantes (cf. Sal 53:5). Invoca a Dios
quien confía en Él: "Amo al Señor, porque escucha mi voz
suplicante; porque inclina su oído hacia mí el día que lo
invoco" (Sal 116:1–2).

Esta confianza no es vana. En la boca de Dios se coloca
una promesa que le compromete a atender la invocación

del creyente: "Invócame el día del peligro: yo te libraré y tu me darás gloria" (Sal 49:15). El creyente cuenta con una experiencia que avala su decisión de dirigirse a Dios. De hecho, afirma: "En el peligro invoque al Señor, y me escuchó poniéndome a salvo" (Sal 118:5). Su confianza se apoya en la fidelidad del Señor a sus propias palabras y en su misericordia compasiva: "Cerca está el Señor de los que lo invocan, de los que lo invocan sinceramente" (Sal 145:18).

Bien es verdad que la respuesta de Dios no siempre corresponde al tono de la invocación humana. El creyente ha percibido que invocar el nombre de Dios es un riesgo, precisamente porque son muchos los que esperan una utilidad inmediata de tal invocación: "Señor, que no me avergüence de haberte invocado" (Sal 31:18). Por eso, su oración parece a veces un chantaje al mismo Dios: "No nos alejaremos de ti; danos vida para que invoquemos tu nombre" (Sal 80: 19).

b. El pueblo de Israel sabe y confiesa que los grandes testigos de su fe invocaban al Señor y él respondía" (Sal 99:6).

Por eso aquel recuerdo que configura la memoria del pueblo, se convierte fácilmente en exhortación litúrgica: "Dad gracias al Señor, invocad su nombre, dad a conocer sus hazañas a los pueblos" (Sal 104:1). Este inicio del salmo 105, así como los versos que siguen, indican bien claramente que invocar el nombre del Señor no puede reducirse a una mera repetición oral. Se glorían de su santo nombre quienes recuerdan sus maravillas y las proclaman. Es decir, "invocar el nombre del Señor" equivale a aceptar su intervención en la historia, a reconocer la alianza que ha ofrecido a su pueblo, a agradecer su liberación.

Por eso, la experiencia de los fracasos del pueblo va

unida a la conciencia de haber abandonado la invocación del nombre de Dios. Un canto profético se dirige a Dios como un lamento: "No hay quien invoque tu nombre, quien se despierte para asirse a ti. Pues encubriste tu rostro de nosotros y nos dejaste a merced de nuestras culpas" (Is 64:7).

c. Los cristianos se designan a sí mismos como "los que invocan el nombre del Señor". Así lo reflejan las palabras de Ananías al ser advertido de la llegada de Saulo a Damasco y al invitarle a recibir el bautismo (Hech 9:14, 21; 22:16; cf. 1 Cor 1:2; 2 Tim 2:22). Bien entendido que en las primeras comunidades el nombre del Señor se aplica generalmente a Jesús (Hech 3:16; Flp 2:21).

En el Nuevo Testamento adquiere un relieve especial un texto de Joel que se cita como explicación del misterio de Pentecostés: "Todo el que invoque el nombre del Señor se salvará" (Jl 2:32; Hech 2:21; Rom 10:13). San Pablo anota que la invocación requiere la fe y ésta la escucha de los que son enviados como predicadores (cf. Rom 10:14:17).

Para la fe cristiana, la salvación final se vincula a la invocación de Jesús y su reconocimiento como Señor (Hech 4:12; Rom 10:9).

d. En su encíclica *Salvados en esperanza*, el Papa Benedicto XVI ha expuesto una reflexión sobre la oración en la que evoca la situación de quien se siente abandonado en la vida: "Cuando ya nadie me escucha, Dios todavía me escucha. Cuando ya no puedo hablar con ninguno, ni invocar a nadie, siempre puedo hablar con Dios. Si ya no hay nadie que pueda ayudarme —cuando se trata de una necesidad o de una expectativa que supera la capacidad humana de esperar—Él puede ayudarme. Si me veo relegado a la extrema soledad...; el que reza nunca está totalmente solo" (SS 32).

El Papa cita a San Agustín, quien define la oración como un ejercicio del deseo. Creado por Dios para desear a Dios, el hombre descubre que su corazón es demasiado estrecho para recibir un regalo tan grande. Dios mismo ha de ensanchar el corazón. La oración van logrando ese milagro.

En este mismo contexto, el Papa nos ofrece en siete puntos (SS 33) toda una pedagogía de la oración cristiana:

- Sólo convirtiéndonos de verdad en hijos de Dios podemos entrar en diálogo con nuestro Padre común.
- La oración no nos hace salir de la historia, sino que nos purifica y, al unirnos a Dios, nos une a los demás.
- La oración nos enseña lo que verdaderamente hemos de pedir a Dios: aquello que es digno de Dios.
- La oración no es verdadera cuando cada uno de nosotros reza al margen de los demás o en contra de los demás.
- En la oración no debemos pedir a Dios cosas superficiales y banales que revelan la pequeñez de nuestra esperanza.
- Para orar como se debe, es decir, como Dios quiere, tenemos que purificar nuestros deseos y esperanzas.
- Al descubrirnos la voluntad de Dios, la oración nos libera de las mentiras ocultas con las que tratamos de engañarnos a nosotros mismos.

e. El Papa dice a continuación que para aprender a rezar es de gran utilidad unirse a la oración de la Iglesia, repitiendo con sinceridad el Padrenuestro, el Ave María y las oraciones de la Liturgia. De hecho, pues de debe integrar la oración pública y la oración personal (SS 34). Hablar a Dios y escuchar a Dios son las dos caras de ese diálogo que salva nuestra existencia.

Ese diálogo va purificando nuestra conciencia para que podamos llegar a Dios y acercarnos a nuestros hermanos: "Así nos hacemos capaces de la gran esperanza y nos convertimos en ministros de la esperanza para los demás: la esperanza en sentido cristiano es siempre esperanza para los demás". La oración mantiene en nosotros una esperanza activa que nos empuja a la responsabilidad social. De esta forma la esperanza en Dios se revela como esperanza verdaderamente humana.

Este itinerario de la oración es absolutamente necesario para el predicador cristiano que no sólo tendrá que hacer oración para poder hacerse eco del mensaje de Dios, sino que habrá de enseñar a los fieles a orar de acuerdo con la tradición de la Iglesia.

2. La oración del Señor

Tras exponer las líneas generales de la oración de Jesús, de la Iglesia y de los cristianos, el *Catecismo de la Iglesia Católica* introduce una hermosa explicación del *Padrenuestro,* u oración del Señor. El conocimiento de esta oración típica de los cristianos es absolutamente necesario para el predicador. Aquí solamente se pueden ofrecer unas breves anotaciones.

Según el evangelio de Lucas, al ver cómo oraba Jesús, uno de sus discípulos le dijo: "Señor, enséñanos a orar como Juan enseñó a sus discípulos" (Lc 11:1). Los discípulos de Jesús ya sabían orar. No piden que les enseñe a orar, sino una fórmula oracional que exprese la identidad del discipulado en el que se han enrolado. La oración que

Jesús les enseña Jesús expresa y resume su talante y su espíritu. A través de ella tenemos acceso a casi todo lo que Jesús ha querido decirnos.

Solemos dividir el Padrenuestro en dos partes: la que se refiere a Dios y la que se refiere a lo humano, pero en verdad todas ellas se refieren al Reino de Dios. En el texto que nos transmite el evangelio de Mateo, la oración contiene siete peticiones, precedidas de una invocación a Dios.

Padre nuestro que estás en el cielo

La oración de Jesús comienza llamando a Dios con el nombre de Padre. El pueblo hebreo lo reconocía como pastor, dueño de la viña de Israel, esposo y padre. Jesús opta por la revelación de la paternidad de Dios, que ya se encontraba en los profetas: "Yo enseñé a Efraím a caminar tomándolo por los brazos...Yo era para ellos como quien alza a su niño contra su mejilla, me inclinaba hacia él y le daba de comer" (Os 11:3–4).

La referencia a los cielos es una forma hebrea de reflejar la divinidad de Dios sin nombrarlo expresamente, pero no significa que Dios esté lejos de nosotros,

Santificado sea su nombre

Pedimos a Dios que se manifieste como es: santo, incomparable, diverso. Que él mismo vele por su gloria, puesto que nosotros somos incapaces de aumentarla.

Jesús pide al Padre que glorifique su propio nombre (Jn 12:28) y, por otra parte, confiesa que ha glorificado a su Padre y ha manifestado su nombre a los discípulos que lo seguían (Jn 17:5:6).

Como Jesús, también nosotros aceptamos nuestra

responsabilidad del testimonio de la santidad de Dios. Renunciamos a la utilización del nombre de Dios para nuestras comodidades. Y nos comprometemos a respetar su santidad.

Venga tu reino

Dios no se nos ofrece como Rey y Señor. Su Reino no es una realidad meramente social o económica, aunque tiene repercusiones en el mundo y en las estructuras sociales. El Reino de Dios se recibe como un don, no como un salario.

Jesús comenzó su vida pública anunciando: "El Reino de Dios está cerca" (Mc 1:15). Sin embargo, no aceptó con facilidad el título de rey, que podría ser malentendido.

El Reino está entre nosotros, pero al mismo tiempo está viniendo. Decir "venga a nosotros tu reino" significa vivir en la espera y mostrarse insatisfecho ante los poderes que manejan este mundo.

Hágase tu voluntad

El pueblo de Israel, esclavo en Egipto, tuvo que aprender que la voluntad de Dios era liberadora. Dios nunca es enemigo del ser humano. Sólo quien acepta la voluntad de Dios puede conseguir la felicidad.

Jesús confiesa que su alimento es hacer la voluntad del que le ha enviado y llevar a cabo su obra (Jn 4:34; 6:38–40). En la oración de Getsemaní, Jesús ora al Padre diciendo: Padre, si quieres, aparta de mí este cáliz; pero no se haga mi voluntad, sino la tuya" (Lc 22:42).

El cristiano sabe que no puede aceptar la voluntad de Dios si no se acerca confiadamente a Él, sabiendo y aceptando desde la más desnuda sinceridad que Él es el Señor.

Danos hoy nuestro pan de cada día

Israel experimentó la bondad de Dios que lo alimentó durante el largo camino por el desierto (Éx 16:4).

Jesús sabe que no sólo de pan vive el hombre (Mt 4:4) y se presenta él mismo como el verdadero pan de la vida, que ha bajado del cielo (Jn 6:48–51). El pan es la palabra, la vida y la presencia de Jesús entre su pueblo.

Los cristianos saben que han de confiar en la generosidad del Padre, aceptar a su Hijo como el pan verdadero y compartir con sus hermanos los bienes necesarios para la vida y el sentido de la vida.

Perdona nuestras ofensas así como nosotros perdonamos

El piadoso israelita suplicaba a Dios: "Misericordia, Dios mío, por tu bondad, borra mi culpa, lava del todo mi delito, limpia mi pecado" (Sal 51:3–4).

Mediante la parábola del siervo sin entrañas, Jesús anuncia el castigo de Dios para los que no perdonan de corazón a su hermano (Mt 18:23–35).

Los cristianos sabemos que estamos en deuda con Dios. Y sabemos también que lo mismo que somos objeto de su perdón, somos sujetos y colaboradores de su perdón. Dios nos ha perdonado para que seamos testigos y servidores de su reconciliación. Sólo sabe pedir perdón, quien que es capaz de perdonar.

No nos dejes caer en la tentación

El pueblo de Israel había sucumbido en el desierto ante las pruebas que se le presentaban. Los tentados, tentaron también a Dios (cf. Éx 17:7).

Conducido por el Espíritu al Desierto, Jesús supera

la triple tentación sobre su mesianismo y merece que los ángeles le sirvan (Mt 4:11).

Sometidos a nuestras concupiscencias (Rom 7: 8; Sant 1:14), pedimos al Padre celestial que nos mantenga en la fidelidad a su llamada y al evangelio de su Hijo. Dios no permite que seamos tentados por encima de nuestras fuerzas.

Líbranos del mal

El auténtico mal para Israel fue abandonar al Dios que lo había librado de Egipto y caer en la idolatría, atribuyendo la salvación a falsos dioses (cf. Éx 32:1–6).

Jesús ha rogado por sus discípulos: no para que el Padre los retire del mundo, sino para que los libre del Maligno (Jn 17:15; 1 Jn 2:14).

Los cristianos pedimos al Padre, que en los últimos días de la prueba no sucumbamos, y que en el momento de la persecución nos mantengamos en la fidelidad a su voluntad.

3. Una palabra para la esperanza

Ya se ha dicho que para cumplir su misión con dignidad, el predicador ha de prepararse seriamente para conocer los "símbolos" propios de la tradición cristiana.

El predicador ha de estudiar en profundidad el contenido del "Credo", el significado de las celebraciones sacramentales, el sentido de los valores morales que brotan de la fe, y la riqueza que contiene la oración cristiana.

Junto a ello, ha de estar dispuesto a dar respuesta a todo el que el pida razón de su esperanza (cf. 1 Pe 3:15).

Pautas para la reflexión

1. Preguntarse por qué es tan necesaria una preparación teológica para el predicador y si hay alguna razón por la que la preparación sea hoy más necesaria que en otros tiempos.

2. Leer la primera parte del *Catecismo de la Iglesia Católica,* dedicada a la fe de la Iglesia, y anotar los números que necesiten una explicación más amplia o una ulterior aclaración.

3. Ampliar la segunda parte del *Catecismo de la Iglesia Católica,* dedicada a la celebración de la fe, leyendo las introducciones que se encuentran al inicio de los diversos rituales de los sacramentos.

4. Después de leer la tercera parte del *Catecismo de la Iglesia Católica* preguntarse qué cuestiones morales nos parecen más preocupantes en el momento actual.

5. A la luz de la cuarta parte del *Catecismo de la Iglesia Católica,* preguntarse en qué aspectos debería insistir la predicación para conseguir el ideal de oración que nos ha transmitido la tradición cristiana.

PARTE III

ACTUACIÓN

El predicador no puede improvisar su misión. Como todo ministerio también éste requiere una preparación adecuada y una cuidadosa formación. Éstas se refieren tanto a los contenidos de la predicación cuanto a la forma y el lenguaje en que se han de transmitir. El predicador tiene que tener claridad sobre los *contenidos* que ha de predicar y sobre la *forma* concreta en la que ha de proclamar esos contenidos y sobre el *lenguaje* más adecuado con relación al mensaje y a los destinatarios del mismo.

10

PREPARACIÓN PRÓXIMA

Seguramente todos estamos convencidos de la necesidad de la formación doctrinal para que el predicador pueda cumplir con dignidad la misión que le ha sido encomendada. Sin ella no podría ser fiel al Señor Jesús que lo ha llamado a tal vocación, ni a la Iglesia que lo ha elegido y le confía el tesoro de la Sagrada Tradición y la Sagrada Escritura.

Con todo, es evidente que el predicador necesita también una preparación humana. Ha de aprender a perder, o al menos a controlar, lo que se suele llamar el "miedo escénico". Para ello debería organizarse en las diversas comunidades un curso de oratoria sagrada.

Ese curso habría de contar con algunas lecciones teóricas y con una serie de talleres prácticos.

Las lecciones prácticas pueden incluir algunas nociones de psicología de grupos. Pueden también incluir algunos elementos relativos a las técnicas de propaganda y publicidad. Tendrán que abordar los temas generales de la comunicación verbal, sus motivaciones, sus instrumentos y sus estrategias, así como sus defectos más habituales. Por supuesto, será necesario incluir al menos un tema sobre la deontología del comunicador para analizar los principios éticos que han de tutelar la ética de este ejercicio de la palabra.

El mejor curso de oratoria no puede hacer milagros,

pero puede colaborar a que éstos ocurran alguna vez. Se puede discutir si el buen orador nace o se hace. Pero la preparación y la práctica pueden ayudar a la persona a superar sus temores iniciales, a adquirir una prudente confianza en sí mismo, a evitar el peligro de confiarse demasiado en su talento y experiencia.

Es preciso que el predicador sepa hablar en público. Es necesario que tenga algo importante que decir con dignidad. Es de elemental cortesía que lo diga con dignidad, con coherencia y con un sincero respeto a sus oyentes. Y es de desear que sienta cordialmente lo que predica y que los oyentes perciban esa implicación personal del mensajero en el contenido de su mensaje.

Después de tanta formación doctrinal y de tanta preparación "profesional" y humana, el predicador se encuentra un día enfrentado a su primer "sermón". Es hora de preparar su "actuación". Mil preocupaciones se acumulan en su mente. Seguramente se preguntará por dónde ha de comenzar, cómo ha de continuar, cómo debería concluir.

Naturaleza de la intervención

Los antiguos solían decir que, ante cualquier tipo de actividad, lo más importante es saber adónde se ha de llegar. También en la predicación el primer paso consiste en anticipar la naturaleza y la finalidad del acto. Antes que nada hay que tener claro qué es lo que se ha de hacer, es decir qué tipo de intervención se pide al predicador. No es lo mismo pronunciar una homilía en un acto litúrgico, que predicar un sermón con motivo de la fiesta del misterio o del santo titular de una parroquia. No es lo mismo pronunciar una palabras en el acto de graduación de una escuela, que organizar una vigilia de oración o un velatorio en una casa funeraria o bien en el hogar de la familia que ha perdido a un ser querido.

El predicador ha de tener muy claro el objeto de su intervención, el grupo social al que se dirige, las circunstancias que concurren en el acto, la duración que se espera que alcance su intervención, el tono de la misma y la finalidad que debería perseguir. Insistimos: no es lo mismo arengar a un pelotón de soldados que felicitar a un grupo de estudiantes que se gradúan o consolar a una familia que llora la muerte de un familiar.

Hay que tener en cuenta el tipo de intervención que se prepara, pero sobre todo hay que tener conciencia de uno mismo. Evidentemente, el predicador no puede perder de vista su propia identidad. Sea cual sea el acto en el que ha de intervenir, ha de ser consciente que no puede actuar sino como un ministro de la palabra de Dios. Los actos pasan, pero la identidad del predicador permanece. Y su servicio al ministerio que le ha sido confiado ha de quedar reflejado en todas sus actuaciones.

Selección del tema

Una vez que el predicador haya comprendido la naturaleza del acto en el que ha de intervenir, habrá de seleccionar bien el tema que elige y la orientación que pretende darle. Si se trata de preparar una homilía, los textos bíblicos que se proclaman determinan ya algunos temas posibles.

Aun en el marco de una misma lectura bíblica, las orientaciones pueden varias, a tenor de los tiempos o de las circunstancias por las que pasa la comunidad. Baste mencionar un ejemplo. La predicación de la fiesta de la Navidad (cf. Lc 2:1:20) ha de tener en cuenta siempre el misterio de la Encarnación; el admirable intercambio que subraya la liturgia de esa solemnidad: "Dios se ha hecho hombre, para que el hombre pueda alcanzar la filiación divina". Sin embargo, un año convendrá subrayar la alegría que rezuma el texto evangélico y en otra ocasión habrá que comentar la gloria a Dios y la paz a los hombres que proclaman los ángeles. Si bien se observa, la misma liturgia de la Navidad, parece dividir el mensaje sagrado, al seleccionar diversos textos para las tres misas que el misal ofrece para esa fiesta.

Si se trata de preparar un retiro espiritual para los catequistas de una comunidad, el predicador tendrá más libertad de elección de los temas que pretende desarrollar. En una ocasión podrá centrarse en la vocación de los profetas, para subrayar la iniciativa de Dios que llama a los catequistas (cf. Jer 1:4–19). Otra vez, podrá recordar los avisos que Jesús dirige a sus discípulos (cf. Mt 10). Y otra vez podrá centrarse en la iniciativa de los laicos, como Aquila y Priscila que, con su catequesis, ayudaron a Apolo a descubrir la dignidad divina de Jesús, el Señor (cf. Hech 18:24–28).

Aun así, es muy aconsejable concretar lo más posible el tema. Un buen predicador no ha de tratar de abarcar muchos temas, sino de exponer uno solo con orden y coherencia. Se suele decir con una cierta ironía que un predicador incipiente trata de decir todo lo que sabe, mientras que el más experimentado selecciona los puntos y expone solamente uno.

Ordenar el tema

Nada desconcierta tanto al auditorio como observar que el predicador salta de un tema a otro sin motivación ni organización aparente. Los oyentes necesitan percibir el orden que el predicador ha dado a las ideas que pretende exponer.

Los antiguos Padres de la Iglesia ordenaban su homilía de acuerdo con el ritmo del texto bíblico que se proclamaba en la celebración. De hecho, procuraban ir comentando una frase tras otra. Su predicación era una explicación, glosa y aplicación concreta de cada uno de los versículos del texto.

El Papa Benedicto XVI ha sugerido la necesidad de hacer una catequesis mistagógica, es decir una explicación y aplicación a la vida creyente de los ritos litúrgicos que se celebran[11]. En ese caso, las diversas partes de la celebración eucarística podrían ir marcando el ritmo que debería seguir el predicador o catequista.

De todas formas, sea cual sea el tema que se haya de exponer, se puede recordar que el esquema ternario goza de un milenario prestigio. Los romanos solían decir que "la cuerda de tres cabos es difícil de romper". Jesús mismo lo utiliza en la parábola del buen samaritano (Lc 10: 29–37). Son tres las personas que pasan cerca del hombre apaleado por los ladrones. En este método expositivo tan antiguo, la atención de los oyentes se centra instintivamente en el tercero de los personajes, con el que finalmente se identifica el Maestro que expone el relato. Su comportamiento es el que se trata de presentar como modélico.

El lector puede observar cómo en la breve exposición del Padrenuestro que ha encontrado en el capítulo anterior, todas las peticiones está explicadas según el mismo esquema ternario. De hecho, el breve comentario que se

---

11. Cf. BENEDICTO XVI, Exhortación apostólica postsinodal *Sacramentum caritatis* 61–62.

dedica a cada una parte de una alusión a la historia de Israel, continua con una referencia a Jesús de Nazaret y concluye con la evocación de la responsabilidad del cristiano actual.

En algunos casos es conveniente hacer al final un breve resumen de los puntos que el orador ha querido desarrollar, a condición de que el resumen no se alargue hasta convertirse en un segundo sermón.

11

DISPOSICIÓN DE UN ESQUEMA

Una predicación puede ordenarse de muy diversas formas. Por ejemplo, el predicador podría situar su discurso en un marco local o espacial.

* Puede seguir la línea espacial cuando trata de exponer, por ejemplo, la presencia misionera de la Iglesia en diversas partes del mundo.
* Y puede seguir la línea temporal e histórica, sobre todo cuando se ha de proponer el desarrollo de una idea o de un determinado carisma.

1. El modelo de San Pablo

Pero hay otro modelo que goza de una larga trayectoria en la Iglesia: el que parte de la experiencia humana, recoge la revelación de Dios sobre la misma y retorna a la experiencia para tratar de ajustar al proyecto de Dios.

Para explicar este itinerario, será útil analizar el discurso que San Pablo pronunció en el Areópago de Atenas (cf. Hech 17:22–34).

El Apóstol comienza exponiendo el resultado de su observación personal con motivo de su recorrido por aquella ciudad poblada de monumentos sagrados. Aprovechando ese hecho, expone un resumen de la fe judía en el Dios creador del mundo y del género humano.

A la reflexión racional sobre el origen de la humanidad, aceptable también por los paganos, se une después la categoría de la "búsqueda" de Dios, tan querida para la piedad israelita:

Una vez captada la benevolencia del auditorio, San Pablo plantea dos cuestiones que revelan su pensamiento y sus intenciones. Afirma que la divinidad no puede identificarse con las imágenes que de ella produce el ingenio humano y alude a la necesidad de la conversión, en previsión del juicio divino. También estas propuestas podrían haber sido aceptadas por algunos de sus oyentes. Pero Pablo aludía, aunque veladamente, a una persona concreta, a un hombre al que el Dios creador habría confiado ese juicio sobre la historia.

Ese Juez de la historia, no nombrado expresamente en el discurso, habría sido resucitado por Dios. De hecho, según la pretensión de Pablo, su resurrección, ya acontecida en el pasado, sería la prueba de su misión de juez, prometida para el futuro. Pero ahí habrían de aflorar todas las dificultades. Bastó que Pablo aludiese a la resurrección para que sus oyentes lo despidieran con desdén.

Como se ve, el célebre discurso de Pablo podría dividirse en tres partes. En la primera alude a una experiencia concreta y actual. En la segunda expone unas ideas teológicas fundamentales. En la tercera interpela a sus oyentes para que cambien de conducta. Pues bien, ese esquema ha articulado muchas veces la predicación cristiana, desde los tiempos apostólicos hasta algunos movimientos eclesiales recientes, como la Juventud Obrera Católica. En nuestros días ha sido adoptado con mucha frecuencia en las diversas etapas de la catequesis cristiana.

2. Un modelo catequético

Pues bien, a la hora de exponer su doctrina, el Concilio Vaticano II adoptó con frecuencia ese mismo esquema basado en la experiencia humana. Ese esquema suele articularse en tres partes, que se enuncian gráficamente por medio de tres verbos: ver, juzgar y actuar.

a. Ver la realidad.

El predicador y el catequista comienzan su explicación partiendo de una observación de la realidad, ya sea la que afecta a la persona o la que determina la supervivencia de determinadas estructuras injustas. Por ejemplo, el predicador puede evocar la situación de abandono en que se encuentran algunas personas o un determinado grupo social.

Es cierto que no basta con describir la situación. La predicación no se puede confundir con un reportaje periodístico. Será necesario poner de relieve cómo esa situación no favorece el desarrollo de la persona ni permite que ésta alcance la felicidad a la que aspira.

En algunas ocasiones la alusión a la realidad humana puede apelar a un acontecimiento reciente. Algo de eso hace el mismo Jesús al recordar una matanza de peregrinos galileos promovida por Pilato y la desgracia de la torre de Siloé que se derrumbó sobre dieciocho personas (Lc 13:1–5).

En otras ocasiones, la evocación de la realidad puede valerse de un texto literario, preferiblemente bien conocido por los oyentes, como hace Jesús al citar los versos típicos de un juego infantil (Mt 11:16–19).

En la mayor parte de las ocasiones, la observación de

la realidad puede realizarse mediante una evocación de la vida ordinaria, sin pretender con ello hacer un análisis exhaustivo de los mecanismo que rigen el comportamiento humano. Jesús hace algo de esto cuando recuerda los sentimientos que experimenta una mujer antes y después del parto para explicar la dialéctica entre la nostalgia y el gozo que acompañará la fe de sus discípulos (Jn 16:19–23).

Evidentemente la apelación a la realidad ha de ser veraz, creíble y respetuosa con el derecho a la privacidad y al buen nombre que asiste a toda persona y a todo grupo social.

b. Juzgar la realidad.

En un segundo momento, el predicador o el catequista han de hacer notar que situaciones semejantes han sido vividas por otras personas que se nos recuerdan en la Sagrada Escritura. No somos los primeros en encontrarnos en esas situaciones. La Palabra de Dios nos recuerda el comportamiento que siguieron los verdaderos creyentes cuando se encontraban en circunstancias semejantes.

Así, por ejemplo, se habla de la valentía con la que el profeta Elías defendió ante el rey Ajab la memoria de Nabot, una vez que el rey permitió su asesinato para apropiarse de la viña que aquel pobre indefenso se negaba a venderle (1 Re 21).

En los evangelios, Jesús aparece una y otra vez como el defensor de los pobres y de los despreciados por la sociedad, como se ve en la parábola de Lázaro y el rico sin entrañas (Lc 16:19–31), o bien en la denuncia el proceder del juez inicuo ante las súplicas de una viuda (Lc. 18:1–8).

En la tradición apostólica, una y otra vez se exhorta a los cristianos a llevar a la práctica el mandato del amor

(Rom 12:9–13; 1 Cor 13) para que sean testigos del amor de Dios (1 Jn 4:19–21) y eviten toda forma de discriminación social (Sant 2:1–13) y de injusticia (cf. Sant 5:1–6).

El juicio sobre la realidad apela a la Palabra de Dios, usada siempre con respeto y con discernimiento. El estudio bíblico librará al predicador tanto del literalismo de las interpretaciones como de un alegorismo sin fundamento real en el texto sagrado. Ningún predicador debería pretender que la Palabra de Dios venga a apoyar sus prejuicios o sus intereses, sus complejos o sus abusos de autoridad.

c. Actuar para modificar la realidad.

En un tercer momento, el predicador o el catequista han de tratar de responder a aquella pregunta que ya las gentes de Jerusalén dirigían a los apóstoles: "¿Qué hemos de hacer, hermanos?" (Hech 2:37).

Una buena predicación no puede "quedarse en las nubes", como se dice popularmente. Si ha partido de la observación de la vida real, ha de volver a ella para intentar transformarla de acuerdo con la voluntad de Dios que aceptan y cumplen los creyentes.

Sin tratar de caer en una fácil moralina, la predicación debería concluir siempre con la exhortación a la conversión. El Señor es quien mueve los corazones, como movió el corazón de Lidia ante la predicación de San Pablo (Hech 16:14). Pero el predicador ha de colaborar humildemente para que la escucha de la palabra de Dios ayude a los fieles a formarse un propósito de conversión, más o menos concreto. Nadie tiene autoridad para manipular las conciencias de los demás. Es preciso dejar a Dios ser Dios. Y dejar a las personas ser personas.

Finalmente, la predicación debería concluir con un momento de oración en el cual la comunidad se dirige a Dios para dar gracias por su luz y pedir su ayuda para proseguir con fidelidad y creatividad en el camino de Jesucristo.

Evidentemente, este esquema habrá de ser acomodado a las circunstancias concretas, de personas, tiempos y lugares, en los que se lleva a cabo la predicación[12].

---

12. Aunque no ofrecen sermones ya elaborados, este esquema se encuentra en los libros de sugerencias para la meditación y predicación de J.R. FLECHA, *Palabra de Vida*, Madrid 2006 y *Palabra del Señor*, Salamanca, 2007.

12

EL ACTO DE PREDICAR

Una antigua fábula cuenta que una zorra se acercó a contemplar un busto realizado con una admirable maestría. Después de olerlo, la zorra se alejó murmurando: "Tu cabeza es hermosa, pero sin seso".

La preparación de la predicación es de vital importancia, como ya se ha dicho. Con todo, la mejor preparación puede fracasar si el predicador no vive lo que predica y no siente de verdad lo que dice. Jesús alertó a sus discípulos—los de antes y los de ahora—contra la hipocresía de los escribas y fariseos: "En la cátedra de Moisés se han sentado los escribas y los fariseos. Hagan, pues, y observen todo lo que ellos les digan; pero no imiten su conducta, porque ellos dicen y no hacen" (Mt 23:2–3).

Para no caer en la censura pronunciada por el Maestro, el predicador deberá prestar atención a la Palabra de Dios y a los signos de los tiempos. Además su propia palabra deberá ser coherente con su propia vida.

1. El respeto a la Palabra de Dios

La Palabra de Dios es lámpara para nuestros pasos, como ya proclamaba el piadoso israelita (Sal 119:105). Los cristianos no pueden olvidar lo que San Pablo escribe a Timoteo: "Toda Escritura ha sido inspirada por Dios y es útil para enseñar, para persuadir, para corregir y para educar en la rectitud; a fin de que el hombre de Dios sea perfecto y esté preparado para hacer el bien" (2 Tim 3:16–17).

La carta continúa con unas interesantes observaciones dirigidas a Timoteo y, en él, a todos los que tienen la misión de anunciar el Evangelio de Jesucristo:

"Ante Dios y ante Jesucristo que, manifestándose como rey vendrá a juzgar a vivos y muertos, te ruego encarecidamente: Predica la Palabra, insiste a tiempo y a destiempo, corrige, reprende y exhorta; hazlo con mucha paciencia y conforme a la enseñanza. Porque vendrá un tiempo en que los hombres no soportarán la sana doctrina, sino que, llevados de su propios deseos, se rodearán de multitud de maestros que les dirán palabras halagadoras, apartarán los oídos de la verdad y se desviarán hacia las fábulas. Tú, sin embargo, procura ser siempre prudente, soporta el sufrimiento, predica el evangelio, y dedicate plenamente a tu ministerio". (2 Tim 4:1–5).

Esta insistencia en la "sana doctrina" es muy frecuente en las cartas pastorales. Véase por ejemplo, 1 Tim 1:10; 6:3; 2 Tim 1:13; 4:3; Tit 1:8, 13; 2:1.8.

Evidentemente la Palabra de Dios requiere un gran respeto por parte de quien predica la homilía, puesto que, como ha escrito el papa Benedicto XVI, ésta "tiene como finalidad favorecer una mejor comprensión y eficacia de la Palabra de Dios en la vida de los fieles" (SC 46).

2. El tiempo y el lugar

El teólogo Karl Barth solía decir que el buen predicador tendría que sostener en una mano la Biblia y en la otra el periódico del día. Eso significa que hay que conocer el mensaje, pero también hay que estar atento a los signos de los tiempos. El predicador ha de preguntarse si los acontecimientos de cada día puede ayudarnos a recibir el Reino de Dios.

El predicador no es una máquina parlante que funciona del mismo modo en cualquier lugar y en cualquier tiempo. El predicador ha de prestar atención a los "signos de los tiempos". Con esta expresión Jesús exhorta a sus discípulos a descubrir en los acontecimientos las señales de la llegada del reino de Dios y la hora de su conversión (cf. Mt 16:1–4; Lc 12:54–56). A partir del Papa Juan XXIII, se suele mencionar en la Iglesia la necesidad de observar los "signos de los tiempos" nos invitan a reconocer la voluntad de Dios para nuestra época.

El predicador tendrá que observar las circunstancias concretas en las que se encuentran los fieles a los que se dirige. Esa atención a sus oyentes le llevará a subrayar los aspectos revelado que facilitan una intelección de la realidad social. Esa atención le exige al predicador hacer comprensible y aceptable el mensaje por las personas a las que se dirige, pero no le permite deformarlo para acomodarlo a sus apetencias o a su capacidad de tolerancia,

Esta alusión al tiempo y al lugar, pretende además recordar aquí otros aspectos importantes de la predicación.

- Siempre será necesario acomodar la predicación al tiempo litúrgico en el que se sitúan las celebraciones.
- Es imprescindible tener en cuenta y respetar el lugar sagrado en el que se proclama la palabra de Dios.

3. Sinceridad y coherencia

Un refrán popular nos recuerda que "El mejor predicador es Fray Ejemplo". Otro de ellos dicen con un cierto cinismo: "No es lo mismo predicar que dar trigo". Uno y otro subrayan la coherencia que ha de vincular lo que el predicador dice con lo que vive cada día.

Después de dirigir una mirada a la Palabra de Dios y otra a la situación en la que se encuentra su auditorio, el predicador deberá dirigir otra mirada a sí mismo. ¿qué comporta esa mirada?

- Ver si lo que dice sale solamente de lo que ha aprendido para entregar a otros o brota realmente de su corazón
- Examinar la coherencia de lo que predica con los valores y virtudes que desea asumir como ideales de su vida.
- Preguntarse si se aplica a sí mismo las luces, las orientaciones y las exigencias que brotan de la Palabra de Dios.
- Pensar si le preocupa personalmente la suerte humana y social y sobre todo la salvación de los que oyen su predicación.
- Analizar si la verdad que proclama en su predicación responde a la verdad profunda de su propia vida.

El predicador está llamado a ser profeta de Dios en el mundo. El profeta tiene por misión *anunciar* el bien y *denunciar* el mal. Además, habrá de estar dispuesto a *renunciar* a todo lo que pueda dificultar el anuncio del mensaje de la salvación. Sin esa renuncia, su anuncio no será creíble y su denuncia no será respetuosa.

13

EL LENGUAJE Y
LOS LENGUAJES

Ya se ha dicho suficientemente que la predicación es una forma de comunicación humana. Por tanto comparte muchas de las dimensiones y las exigencias, de las posibilidades y las debilidades de toda comunicación interpersonal.

La predicación es una forma de comunicación por medio de un lenguaje oral, hermoso y privilegiado, que honra a quien lo desempeña con fe, esperanza y caridad.

1. Las funciones del lenguaje

El lenguaje tiene básicamente la funciones de informar, revelar e interpelar. Quien dice a un amigo que se acerca una tormenta, le anuncia algo, da cuenta de que él mismo se ha enterado de ello y espera ser creído. Pues bien, en cuanto lenguaje, también la predicación desempeña, al menos, esas tres funciones:

En primer lugar *informa de algo* o, mejor sobre Alguien. Esa información sobre la salvación y el Salvador ha de ser veraz, justa y oportuna.

- En segundo lugar, *revela* la verdad misma del que informa, sus ideas, sus puntos de vista y sus sentimientos. Esa revelación ha de ser prudente, humilde y respetuosa.

- En tercer lugar *interpela* a los oyentes reclamando de ellos una respuesta al mensaje. Esa interpelación ha de ser sincera, cordial y paciente.

Será bueno que se proponga metas, antes que cerrar caminos. Que ofrezca esperanza, en lugar de difundir temores. Que procure animar a la virtud y no moralizar, recriminar o culpabilizar a sus oyentes.

Es claro que el lenguaje tiene también otras funciones como la de divertir, establecer vínculos sociales, seducir a un eventual comprador, etc. Es evidente que el predicador habrá de estar muy atento para no deslizarse a funciones poco honestas o poco concordes con el mensaje de gracia que le ha sido confiado.

2. Los géneros del lenguaje

Nuestro lenguaje admite muchas variaciones y géneros literarios. Todo el mundo distingue una narración de un informe económico, un poema de un análisis científico, una lección académica de una parábola, una reflexión filosófica de una fábula.

La predicación admite un gran número de géneros literarios. Jesús mismo utilizó el anuncio y la parábola, la exhortación y la conminación.

- El estilo parabólico ha servido siempre para transmitir la sabiduría de la humanidad de generación en generación. Un teólogo solía decir que daría todo lo que había escrito en sus libros por una buena parábola. Con todo, el predicador ha de ser extremadamente prudente al utilizar este género. La parábola no ha de ser confusa. No debería requerir una larga explicación. Y, sobre todo, nunca deberá ocultar con su encanto un error doctrinal.

- Algunos predicadores utilizan con frecuencia anécdotas "ejemplares". Si se parte de un hecho concreto real, no se deben dar tantos detalles que la comunicación se convierta en un reportaje. Hay que procurar que la anécdota no atraiga tanto la atención que haga olvidar el mensaje principal. Es deseable no multiplicar las anécdotas y mucho menos las referencias a la propia persona o a la propia experiencia.

- En algunos momentos de la historia, los predicadores usaban bromas y chistes para mantener la atención de sus oyentes. No sólo han de evitarse los chistes inconvenientes. El predicador hará bien en abstenerse de este género de comunicación en las homilías o en otros actos de servicio litúrgico. No olvide que predica la salvación que nos ha sido ganada a precio de sangre en una cruz.

Es cierto que un predicador tendrá otras muchas ocasiones no litúrgicas para dirigirse a un auditorio. En esos casos, la prudencia le dictará qué géneros literarios son aconsejables y cuáles no son tolerables. De todas formas nunca olvide que es la misma persona que, en otros momentos, ha de trasmitir la palabra de Dios.

3. Las formas del lenguaje

Para comunicar su mensaje, el orador utiliza su voz, pero no sólo su voz. Todo su cuerpo colabora a la recta comunicación del mensaje o la dificulta. Un buen predicador ha de prestar atención a muchos detalles que los oyentes perciben inmediatamente.

- En cuanto al tono de su voz, procure que sea amable y cordial, pero no demasiado familiar. Elegante sin ser afectado. Rítmico sin ser monótono. Puede apelar a los cambios de voz, pero sin caer en la declamación.
- En cuanto a la postura y la compostura, el predicador no debería contorsionar su cuerpo ni gesticular demasiado con sus manos, aunque sí podrá hacer con ellas un gesto amable que significa ofrenda o atención, acogida o apoyo.
- El predicador no debería estar demasiado pendiente de sus esquemas. Es deseable que dirija la mirada a sus oyentes pero sin fijarlos demasiado en personas concretas. Por otra parte, ha de evitar hacer muecas con su boca y todo lo que es considerado como una falta de corrección.
- El predicador no deberá vestir de forma afectada, ni lujosa, ni estrafalaria. Deberá vestir con sencillez y modestia. "El hábito no hace al monje", pero ayuda a que él recuerde su identidad y la viva con sinceridad y coherencia y a que sus oyentes no añadan otro obstáculo al mensaje que predica.

Finalmente, es necesario que el predicador se deje aconsejar y corregir para llegar a encontrar el tono adecuado a la congregación a la que se dirige. El predicador no deberá dificultar la acogida a la Palabra de Dios por culpa de su forma de proponerla.

Pautas para la reflexión

1. Imaginando que el predicador tiene que hablar sobre la justicia, diseñar distintos esquemas: para un sermón, para la inauguración de una obra social y para una convivencia de jóvenes,

2. Leer el discurso de Pedro el día de Pentecostés (Hech 2:14-36) y distinguir las tres partes fundamentales en las que se divide.

3. Ver hasta qué punto nuestra predicación anuncia un mensaje, revela la vivencia del predicador e interpela a los oyentes.

4. Preguntarse por qué una predicación puede parecer incoherente con la vida del predicador o la de su comunidad y qué signos muestran su coherencia.

5. Analizar qué tonos, posturas o gestos dificultan la comunicación del mensaje y cuáles la facilitan y hacen más aceptable.

CONCLUSIÓN

En el *Memorial segundo* que preparó para el Concilio de Trento (1561), San Juan de Ávila se lamentaba de los errores que los predicadores de su tiempo difundían en el pueblo de Dios. Según él, los predicadores no ofrecían criterios de discernimiento entre el bien y el mal, con lo cual aumentaban la confusión moral de los fieles. Es más, con frecuencia los predicadores daban por buenos los criterios que justificaban la adhesión al mal. Es interesante recordar una observación del Maestro Ávila que guarda un estrecho parecido con las constantes quejas de los antiguos profetas de Israel: "Si el pueblo quería inventar vanidades, pompas superfluas y cosas del mundo, nunca faltaba quien se las aprobase y canonizase por buenas y que agradaban a Dios".

Aquella acusación no debería repetirse en nuestros tiempos. El predicador no es enviado para aprobar los falsos ideales que se nos transmiten cada día y que con frecuencia nos seducen. El Señor quiere que sus discípulos permanezcan en el mundo, sin participar de la falsedad del mundo. Por eso ha pedido al Padre que los consagre en la verdad (Jn 17:14–17). El predicador está llamado a ser un testigo de la verdad que Dios nos ha revelado en Jesucristo, palabra encarnada de Dios por la que nos han llegado la gracia y la verdad (Jn 1:17).

Al predicador se le confía, en gran parte, la misión evangelizador de la Iglesia, como ya sugería el papa Pablo VI:

"Enviada y evangelizada, la Iglesia misma envía a los evangelizadores. Ella pone en su boca la Palabra que salva, les explica el mensaje del que ella misma es depositaria, les da el mandato que ella misma ha recibido y les envía a predicar. A predicar no a sí mismos o sus ideas personales, sino un Evangelio del que ni ellos ni ella son dueños y propietarios absolutos para disponer de él a su gusto, sino ministros para transmitirlo con suma fidelidad" (EN 15).

Es una hermosa tarea. El amor al Evangelio, a la Iglesia y a los hijos de Dios ensancharán el corazón del predicador para aceptar con valentía y alegría. El Espíritu de Dios y el apoyo de la comunidad cristiana le ayudarán a llevarla a cumplimiento.